U0880906

现代事业单位会计
及其智慧化管理研究

楼晴静 著

中国商业出版社

图书在版编目（CIP）数据

现代事业单位会计及其智慧化管理研究 / 楼晴静著
. -- 北京 : 中国商业出版社, 2023.10
ISBN 978-7-5208-2690-7

Ⅰ. ①现… Ⅱ. ①楼… Ⅲ. ①单位预算会计—财务管理系统—研究—中国 Ⅳ. ①F812.2

中国国家版本馆 CIP 数据核字（2023）第 209936号

责任编辑：石胜利
策划编辑：王 彦

中国商业出版社出版发行
（www.zgsycb.com 100053 北京广安门内报国寺 1 号）
总编室：010-63180647 编辑室：010-63033100
发行部：010-83120835 / 8286
新华书店经销
北京厚诚则铭印刷科技有限公司印刷

*

710 毫米 ×1000 毫米 16 开 12.5 印张 211 千字
2023 年 10 月第 1 版 2023 年 10 月第 1 次印刷
定价：75.00 元

* * * *

（如有印装质量问题可更换）

前　言

事业单位会计作为管理工具和信息系统，为事业单位的经济活动提供了可靠的财务信息和决策依据。通过规范的会计核算和报告，事业单位可以全面了解财务状况、成本结构和绩效指标，进而进行科学的财务分析和预测，以支持决策层制定合理的管理策略。随着信息技术的飞速发展，智慧化管理成为提升事业单位运营效率和管理水平的重要手段。通过引入智能化技术和数据分析，事业单位可以实现财务信息的自动化采集、处理和分析，提高会计核算的准确性和效率。同时，智慧化管理还能帮助事业单位进行预测和风险管理，优化资源配置，提升绩效评估和监控能力。

基于此，本书以“现代事业单位会计及其智慧化管理研究”为选题，在内容编排上共分为两个部分：第一部分是事业单位会计总论，探究事业单位与事业单位会计、事业单位的会计核算、事业单位财务报告与分析；第二部分研究事业单位会计智慧化管理实践，内容涵盖智慧财务管理及其创新，并对医院、高校财务会计智慧化管理展开专题研究。

本书十分重视章节之间的逻辑性和连贯性。每个章节的内容相互衔接，构建起整体框架，确保读者在阅读过程中能够理解不同主题之间的关联，同时帮助读者全面把握知识点，形成系统的理解。另外，本书内容全面而细致，可以帮助读者全面了解和应用事业单位会计及智慧化管理的知识；涵盖了从基础的会计原理，到事业单位会计核算、财务分析等方面的内容，读者能够获得全面的知识体系，从而更好地理解并应用于实际工作中。

作者在写作过程中，得到了许多专家、学者的帮助和指导，在此表示诚挚的谢意。由于作者水平有限，加之时间仓促，书中所涉及的内容难免有疏漏之处，希望各位读者多提宝贵意见，以便进一步修改，使之更加完善。

目　录

第一部分　事业单位会计总论

第二部分　事业单位会计智慧化管理实践

第一部分

事业单位会计总论

第一章　事业单位与事业单位会计

第一节　事业单位认知

一、事业单位的主要特点

“事业单位涉及科教文卫等多个重要领域，是保障国民经济有序、稳定发展的重要单位。”[①] 由此可见，事业单位是指国家为了社会公益目的，由国家机关举办或者其他组织利用国有资产举办的，从事教育、科研、文化、卫生、体育、新闻出版、广播电视、社会福利、救助减灾、统计调查、技术推广与实验、公用设施管理、物资仓储、监测、勘探与勘察、测绘、检验检测与鉴定、法律服务、资源管理事务、质量技术监督事务、经济监督事务、知识产权事务、公证与认证、信息与咨询、人才交流、就业服务、机关后勤服务等活动的社会服务组织。事业单位具有以下特点：

（一）国有性

事业单位必须由国家机关举办或者其他组织利用国有资产举办，其他组织或个人利用非国有资产举办的社会服务组织，即使以社会公益为目的也不属于事业单位。由此，事业单位大多为行政单位的下属机构，一般要接受国家行政机关的领导。

（二）公益性

事业单位设立的目的是社会公益而非营利，注重社会效益而非经济效益。

① 董青．事业单位会计风险及其防范措施［J］．纳税，2023，17（16）：43.

（三）服务性

事业单位主要分布在教育、科研、文化、卫生等公益性领域，是保障国家政治、经济、文化生活正常进行的社会服务支持系统。

二、事业单位的类别划分

（一）按照社会功能分类

第一，承担行政职能的事业单位。这类单位主要行使行政许可、处罚、强制、裁决等行政职权。为了优化行政管理体制，这些单位将逐步划归至行政机构或转为行政机构的一部分，并不再批准设立此类单位。

第二，从事生产经营活动的事业单位。这些单位以提供产品或服务为主，由市场配置资源，不承担公益服务职责。为了更好地发挥市场机制作用，这类事业单位将逐步转为企业形式或直接撤销，不再批准设立此类单位。

第三，从事公益服务的事业单位。这类单位专注于为社会提供公益服务，并为机关行使职能提供支持和保障。行政改革后，只有此类单位将继续保留，并按照公益性质细分为两类：①公益一类事业单位，这类单位将承担义务教育、基础性科研、公共文化、公共卫生及基层基本医疗服务等基本公益服务。由于这些服务不能或不宜由市场配置资源，这类单位不得从事经营活动。②公益二类事业单位，这类单位承担高等教育、非营利医疗等公益服务。一部分服务可由市场配置资源，但按照国家确定的公益目标和标准进行活动。此外，这类单位可以根据法律法规的规定，提供与主业相关的服务，但收益将按照国家规定执行。

（二）按照是否参照公务员法分类

第一，参照公务员法管理的单位不实行事业单位的专业技术职务、工资、奖金等人事管理制度，不得从事经营活动。

第二，不参照公务员法管理的事业单位，是除了参照公务员法管理的事业单位之外的事业单位。

第二节 事业单位会计组成及会计等式

一、事业单位会计组成

（一）资产

资产是指事业单位占有或者使用的能以货币计量的经济资源，包括各种财产、债权和其他权利。

1. 资产的确认条件

将一项资源确认为资产，需要符合资产的定义，并同时满足以下两个条件：

（1）与该资源有关的经济利益或服务潜力能够流入单位。

（2）该资源的成本或者价值能够可靠计量。

2. 资产的主要类别

事业单位的资产按照流动性，分为流动资产和非流动资产。

（1）流动资产是指预计在 1 年内（含 1 年）变现或者耗用的资产。事业单位的流动资产包括货币资金、短期投资、应收及预付款项、存货等。

（2）非流动资产是指流动资产以外的资产。事业单位的非流动资产包括长期投资、在建工程、固定资产、无形资产等。

（二）负债

负债是指事业单位所承担的能以货币计量，需要以资产或者劳务偿还的债务。

1. 负债的确认条件

符合负债定义的义务，在同时满足以下两个条件时，确认为负债：

（1）与该义务有关的经济利益或服务潜力能够流出单位。

（2）未来流出的经济利益或服务潜力的金额能够可靠计量。

2. 负债的主要类别

事业单位的负债按照流动性，分为流动负债和非流动负债。

（1）流动负债是指预计在 1 年内（含 1 年）偿还的负债。事业单位的流动负债包括短期借款、应付及预收款项、应付职工薪酬、应缴款项等。

（2）非流动负债是指流动负债以外的负债。事业单位的非流动负债包括长期借款、长期应付款等。

（三）净资产

净资产是指事业单位资产扣除负债后的余额。

1. 净资产的主要内容

事业单位的净资产包括事业基金、非流动资产基金、专用基金、财政补助结转结余、非财政补助结转结余等。

（1）事业基金是指事业单位拥有的非限定用途的净资产，其来源主要为非财政补助结余扣除结余分配后滚存的金额。

（2）非流动资产基金是指事业单位非流动资产占用的金额。

（3）专用基金是指事业单位按规定提取或者设置的具有专门用途的净资产。

（4）财政补助结转结余是指事业单位各项财政补助收入与其相关支出相抵后剩余滚存的、须按规定管理和使用的结转和结余资金。

（5）非财政补助结转结余是指事业单位除财政补助收支以外的各项收入与各项支出相抵后的余额。其中，非财政补助结转是指事业单位除财政补助收支以外的各专项资金收入与其相关支出相抵后剩余滚存的、须按规定用途使用的结转资金；非财政补助结余是指事业单位除财政补助收支以外的各非专项资金收入与各非专项资金支出相抵后的余额。

2. 净资产的计量与列示

净资产的金额取决于资产和负债的计量。

事业基金、非流动资产基金、专用基金、财政补助结转结余、非财政补助结转结余等净资产项目应当分项列入资产负债表。

（四）收入

收入是指事业单位开展业务及其他活动依法取得的非偿还性资金。

1. 收入的主要内容

事业单位的收入包括财政补助收入、事业收入、上级补助收入、附属单位上缴收入、经营收入和其他收入等。

（1）财政补助收入是指事业单位从同级财政部门取得的各类财政拨款，包括基本支出补助和项目支出补助。

（2）事业收入是指事业单位开展专业业务活动及其辅助活动取得的收入。其中：按照国家有关规定应当上缴国库或者财政专户的资金，不计入事业收入；从财政专户核拨给事业单位的资金和经核准不上缴国库或者财政专户的资金，计入事业收入。

（3）上级补助收入是指事业单位从主管部门和上级单位取得的非财政补助收入。

（4）附属单位上缴收入是指事业单位附属独立核算单位按照有关规定上缴的收入。

（5）经营收入是指事业单位在专业业务活动及其辅助活动之外开展非独立核算经营活动取得的收入。

（6）其他收入是指财政补助收入、事业收入、上级补助收入、附属单位上缴收入和经营收入以外的各项收入，包括投资收益、利息收入、捐赠收入等。

2. 收入的确认与列示

事业单位的收入一般应当在收到款项时予以确认，并按照实际收到的金额进行计量。

采用权责发生制确认的收入，应当在提供服务或者发出存货，同时收讫价款或者取得索取价款的凭据时予以确认，并按照实际收到的金额或者有关凭据注明的金额进行计量。

（五）支出或者费用

支出或者费用是指事业单位开展业务及其他活动发生的资金耗费和损失。

1. 支出或者费用的内容

事业单位的支出或者费用包括事业支出、对附属单位补助支出、上缴上级支出、经营支出和其他支出等。

（1）事业支出是指事业单位开展专业业务活动及其辅助活动发生的基本支出和项目支出。

（2）对附属单位补助支出是指事业单位用财政补助收入之外的收入对附属单位补助发生的支出。

（3）上缴上级支出是指事业单位按照财政部门和主管部门的规定上缴上级单位的支出。

（4）经营支出是指事业单位在专业业务活动及其辅助活动之外开展非独立核算经营活动发生的支出。

（5）其他支出是指事业支出、对附属单位补助支出、上缴上级支出和经营支出以外的各项支出，包括利息支出、捐赠支出等。

事业单位开展非独立核算经营活动的，应当正确归集开展经营活动发生的各项费用数；无法直接归集的，应当按照规定的标准或比例合理分摊。

事业单位的经营支出与经营收入应当配比。

2. 支出或者费用的确认与列示

事业单位的支出一般应当在实际支付时予以确认，并按照实际支付金额进行计量。采用权责发生制确认的支出或者费用，应当在其发生时予以确认，并按照实际发生额进行计量。

二、事业单位会计等式

（一）静态平衡

从静态看，事业单位所拥有的资产与负债和净资产表现为同一资金的两个方面，即有一定数额的资产，就必然有一定数额的负债和净资产；反之，有一定数额的负债和净资产，也就必然有一定数额的资产。资产与负债、净资产是相互依存的，一个单位所拥有的资产总额与负债和净资产的总额必然是相等的。资产与负债和净资产之间的这种客观存在的恒等关系，称为会计等式，又称为会计平衡公式。它是会计要素之间的基本数量关系。用公式表示为：

$$资产 = 负债 + 净资产 \tag{1-1}$$

该等式是事业单位会计的基本恒等式，它反映事业单位在特定时点的资产、负债与净资产的恒等关系，因此被称为静态等式。资产、负债与净资产称为静态要素，是用来说明事业单位财务状况的三个基本会计要素。

（二）动态平衡

从动态看，事业单位在业务活动的过程中，必然会取得一定数额的收入，也必然会发生一定数额的支出（费用）。收入与支出（费用）相抵后的余额为结转结余。用公式表示为：

$$收入-支出（费用）=结转结余 \tag{1-2}$$

该等式反映事业单位在一定会计期间的收入、支出和结转结余情况，被称为动态等式，是事业单位收支状况及结果的动态反映。收入和支出（费用）属于事业单位的动态会计要素，结转结余不属于事业单位的会计要素。结转结余经过年终结转或分配后形成事业单位净资产，会计平衡公式又回归到静态平衡状态。

会计等式是事业单位会计核算的理论基础，是设置账户、复式记账和编制会计报表的理论依据。

第三节　事业单位会计的核算要素

一、会计科目

会计科目是对会计要素按其经济内容或用途所做的科学分类，是设置账户和归集、核算各项经济业务或事项的依据。科学地设置和正确地使用会计科目，是做好会计核算工作的基本前提。

（一）会计科目的主要分类

第一，事业单位会计的会计科目按其反映的经济内容或用途分为资产类、负债类、净资产类、收入类和支出（费用）类五大类。

第二，事业单位会计的会计科目按提供信息的详细程度及其统驭关系，可以分为总分类科目和明细分类科目。

总分类科目又称一级科目或总账科目，是按照预算管理要求对事业单位会计要素具体内容进行总括分类、提供总括信息的会计科目，是设置总账账户的依据；明细分类科目又称明细科目，是对总分类科目作进一步分类、提供更详细和更具体会计信息的科目，是设置明细账的依据。对于明细科目较多的总分类科目，可在总分类科目和明细科目之间设置二级或多级科目。

总分类科目和明细科目之间的关系是总分类科目总括反映会计对象的具体内容，明细分类科目详细反映会计对象的具体内容。总分类科目对明细分类科目具有统驭和控制作用，而明细分类科目是对总分类科目的补充和说明。

（二）会计科目的使用要求

事业单位应当按照《事业单位会计制度》和《事业单位会计准则》的规定设置和使用会计科目。在不影响会计处理和编报财务报表的前提下，可以根据实际情况自行增设、减少或合并某些明细科目。

会计制度统一规定会计科目的编号，以便于填制会计凭证、登记账簿、查阅账目，实行会计信息化管理。事业单位不得打乱重编。事业单位在填制会计凭证、登记会计账簿时，应当填列会计科目的名称，或者同时填列会计科目的名称和编号，不得只填列科目编号、不填列科目名称。

二、借贷记账法

事业单位应当采用借贷记账法。借贷记账法是指以“借”“贷”为记账符号，以“有借必有贷，借贷必相等”为记账规则，对每一笔经济业务，在相互联系的两个或两个以上账户中进行登记，用来反映会计主体资金运动情况的一种复式记账法。

（一）借贷记账法的记账符号

第一，借贷记账法以“借”（英文简写为 Dr）、“贷”（英文简写为 Cr）为记账符号，分别作为账户的左方和右方。

第二，至于“借”表示增加还是“贷”表示增加，则取决于账户的性质和类型。

（二）借贷记账法的账户结构

通常情况下，资产类、支出（费用）类账户增加记借方，减少记贷方，期末资产类账户如有余额一般在借方；负债类、收入类和净资产类账户增加记贷方，减少记借方，期末负债类和净资产类账户如有余额一般在贷方。

（三）借贷记账法的记账规则

借贷记账法的记账规则是“有借必有贷，借贷必相等”。当发生会计业务或事项时，事业单位必须按照相同的金额，一方面记入一个或多个会计科目的借方，另一方面同时记入一个或几个会计科目的贷方，借方金额合计与贷方金额合计必须相等。

三、会计分录

会计分录是指对某项会计业务或事项标明其应借应贷账户及其金额的记录，简称分录。

（一）会计分录的基本要素

第一，借贷记账符号。每个会计分录都有借方和贷方，用于表示账户的增减方向。借方记录资产的增加、费用的减少或者负债的减少，而贷方记录资产的减少、费用的增加或者负债的增加。

第二，账户名称。会计分录中涉及的账户的名称，例如现金账户、应收账款、应付账款等。账户名称用于指明分录对应的账户。

第三，记账金额。会计分录中每个账户的数额。借贷方的金额必须相等，以保持会计方程式的平衡。

（二）会计分录的列示规范

“左借右贷，借贷错开，上借下贷，借贷相等”，一般在书写、讲解、考试时用，在实际工作中，会计分录是根据记录会计业务或事项的原始凭证在记账凭证上编制的。

（三）会计分录的类别划分

根据会计科目对应关系的不同，会计分录可以分为简单会计分录和复合会计分录。简单会计分录是指由两个账户所组成的会计分录，即一借一贷的会计分录。复合会计分录是指由两个以上账户所组成的会计分录，即一借多贷、一贷多借或多借多贷的会计分录。

为了保持清晰的账户对应关系，一般不宜编制多借多贷的会计分录。但在某些特殊情况下，为了反映事业单位会计业务或事项的全貌，可以编制多借多贷的会计分录。

四、试算平衡

试算平衡是指以会计等式和借贷记账法的记账规则为理论基础，通过对事业单位会计所有账户记录的汇总和计算，来检查各类账户的记录是否正确、完整的一种方法。试算平衡的方法包括发生额试算平衡法和余额试算平衡法。

（一）发生额试算平衡法

发生额试算平衡法是根据事业单位本期所有账户的借方发生额合计与贷方发生额合计的恒等关系，来检查事业单位本期发生额记录是否正确的方法。发生额试算平衡法的理论依据是借贷记账法的记账规则。其公式为：全部账户本期借方发生额合计 = 全部账户本期贷方发生额合计。

（二）余额试算平衡法

余额试算平衡法是事业单位根据本期所有账户的借方余额合计与贷方余额合计的恒等关系，来检查事业单位本期账户记录是否正确的方法，其理论依据是会计等式。根据余额时间的不同，余额试算平衡法分为期初余额平衡和期末余额平衡。

五、会计凭证

会计凭证是记录事业单位会计业务和事项发生或者完成情况的书面证明，也是登记账簿的依据。会计凭证按照填制程序和用途的不同，可以分为原始凭证和记账凭证两种。

（一）原始凭证

原始凭证又称单据，是事业单位在会计业务、事项发生或完成时取得或填制的，载明会计业务、事项的具体内容或完成情况、明确有关经济责任的书面证明，是事业单位会计核算的原始资料和重要依据。原始凭证的基本内容、填制要求、种类、审核与企业会计基本相同，在此不再赘述。

（二）记账凭证

记账凭证又称记账凭单，是会计人员根据审核无误的原始凭证对会计业务事项的内容加以归类，并据以确定会计分录后填制的会计凭证。记账凭证是根据审核无误的原始凭证或汇总原始凭证，确定经济业务应借、应贷的会计科目和金额而填制的。

记账凭证的基本内容、填制要求、种类、审核与企业会计基本相同，在此不再赘述。

六、会计账簿

会计账簿是用来全面、系统、连续地记录事业单位各项会计业务、事项的簿籍。填制和审核会计凭证后，采用复式记账方法，把会计业务、事项引起的会计要素变化分门别类地登记到账簿中去，并定期对账、结账，为编制会计报表提供准确无误的会计数据。设置和登记账簿是正确组织事业单位会计核算的一个重要环节。

会计账簿的种类、格式、使用要求、错误更正与企业会计基本相同，在此不再赘述。

七、财务报告

财务会计报告简称财务报告，是反映事业单位某一特定日期的财务状况和某一会计期间的事业成果、预算执行等会计信息的文件。在日常核算中，已经利用各种不同的专门方法进行了会计核算，但反映的信息是具体的、零碎的。为了更集中和总括地反映事业单位的业务活动全貌，需要编制财务会计报告，把账簿中分散的资料集中起来，归纳整理，使之系统化、条理化，便于考核事业单位的财务状况、事业成果及预算执行情况。财务报告是事业单位会计信息的高度概括，是以表格和文字的形式，把形成的会计信息报告给会计信息使用者，便于会计信息使用者对会计信息的理解与运用。

第二章　事业单位的会计核算

第一节　事业单位收入与支出的核算

一、事业单位收入的核算

（一）经营收入的核算

经营收入是指事业单位在专业业务活动及其辅助活动之外开展非独立核算经营活动取得的收入。事业单位开展经营活动的目的是获取一定的收入，弥补事业经费的不足。因此，经营收入是一种有偿收入，以提供各项服务或商品为前提，是事业单位在经营活动中通过收费等方式取得的。

事业单位经营收入包括提供服务取得的服务收入和销售商品取得的销售收入。事业单位的经营业务应以权责发生制作为核算基础，因此，经营收入应当在提供服务或发出存货，并收讫价款或者取得索取价款的凭据时，按照实际收到或应收的金额予以确认。事业单位的经营活动，应当尽可能进行独立核算，执行企业财务会计制度。只有经营活动规模较小，不便或无法独立核算的，才应纳入经营收入中核算。“随着事业单位分类改革的推进，以及政府非税收入管理逐步规范，加强事业单位经营收入管理势在必行”。①

1. 经营收入的科目设置

事业单位应设置“经营收入”总账科目，核算事业单位在专业业务活动及其辅助活动之外开展非独立核算经营活动取得的各项收入。“经营收入”属于收入类科目，贷方登记事业单位取得的各项经营收入，借方登记经营收

① 蓝小文．事业单位经营收入管理问题探析［J］．行政事业资产与财务，2023（8）：46.

入的冲销转回数，平时贷方余额反映事业单位经营收入累计数。期末结转后，本科目应无余额。“经营收入”科目应当按照经营活动类别、项目、《政府收支分类科目》中“支出功能分类科目”的项级科目进行明细核算。

2. 经营收入的账务处理

（1）事业单位实现经营收入时，按照确定的收入金额，借记“银行存款”“应收账款”“应收票据”等科目，贷记“经营收入”科目。

（2）属于增值税小规模纳税人的事业单位实现经营收入，按照实际出售的价款，借记“银行存款”“应收账款”“应收票据”等科目，按出售价款扣除增值税额后的金额，贷记“经营收入”科目，按应缴增值税金额，贷记“应缴税费——应缴增值税”科目。

（3）属于增值税一般纳税人的事业单位实现经营收入，按包含增值税的价款总额，借记“银行存款”“应收账款”“应收票据”等科目，按扣除增值税销项税额后的价款金额，贷记“经营收入”科目，按增值税专用发票上注明的增值税金额，贷记“应缴税费——应缴增值税（销项税额）”科目。

（4）期末，将“经营收入”科目本期发生额转入经营结余时，借记“经营收入”科目，贷记“经营结余”科目。

（二）事业收入的核算

事业收入是指事业单位开展专业业务活动及其辅助活动所取得的收入。所谓专业业务活动是指事业单位根据本单位特点所从事或开展的主要业务活动，如文化事业单位的演出活动、教育事业单位的教学活动、农业事业单位的技术推广活动以及科学事业单位的科研活动等。辅助活动是指与专业业务活动相关，为专业业务活动提供支持的活动，如事业单位的行政管理活动、后勤服务活动等。事业收入是一种补偿收入，是事业单位在业务活动中通过收费等方式取得的。

1. 事业收入的科目设置

事业单位应设置“事业收入”总账科目，核算事业单位开展专业业务活动及其辅助活动取得的各项收入。“事业收入”属于收入类科目，贷方登记事业单位取得的各项收入，借方登记当年销货的退回或期末转销额，平时贷方余额反映事业单位事业收入累计数。期末结账后，本科目应无余额。

“事业收入”科目应按照事业收入类别、项目、《政府收支分类科目》

中“支出功能分类科目”的项级科目进行明细核算。事业收入中如有专项资金收入，还应当按具体项目进行明细核算。与财政补助收入一样，事业收入也可以采用辅助核算方式，将支出功能分类和具体项目进行辅助核算。

2. 事业收入的账务处理

（1）采用财政专户返还方式管理的事业收入。当机构收到应上缴至财政专户的事业收入时，会进行会计记录。具体操作为：借记“银行存款”“库存现金”等相关科目，表示增加了现金资产；同时，贷记“应缴财政专户款”科目，表示形成了对应的财政专户负债。一旦机构向财政专户上缴款项，就会进行相应的会计处理。具体而言，借记“应缴财政专户款”科目，表明减少了应缴财政专户的负债；同时，贷记“银行存款”等科目，表示减少了现金资产。若机构收到财政专户返还的事业收入，会进行相应的会计记录。具体操作为：借记“银行存款”等科目，表示增加了现金资产；同时，贷记“事业收入”科目，表明收到了事业收入。

（2）其他事业收入。收到事业收入时，按照收到的款项金额，借记“银行存款”“库存现金”等科目，贷记“事业收入”科目。

（3）事业收入的退回。对于当年事业收入的退回，按退回金额，借记“事业收入”科目，贷记“银行存款”等科目；而以前年度收入的退回，应借记“事业基金”“非财政补助结转”等科目，贷记“银行存款”等科目。

（4）期末结转。期末，将“事业收入”科目本期发生额中的专项资金收入结转入非财政补助结转，借记“事业收入”科目下各专项资金收入明细科目，贷记“非财政补助结转”科目；将“事业收入”科目本期发生额中的非专项资金收入结转入事业结余，借记“事业收入”科目下各非专项资金收入明细科目，贷记“事业结余”科目。

二、事业单位支出的核算

（一）经营支出的核算

经营支出是指事业单位在专业业务活动及其辅助活动之外开展非独立核算经营活动发生的支出。事业单位经营支出的确认必须同时具备以下两个条件：一是事业单位在专业业务活动及辅助活动之外发生的支出。事业单位开展专业业务活动及其辅助活动发生的支出属于事业支出范畴。二是事业单位所属非独立核算单位发生的支出。事业单位所属独立核算单位经营活动，由所属独立核算单位按会计制度规定单独进行核算。

1. 经营支出的科目设置

事业单位应设置“经营支出”总账科目，核算事业单位在专业业务活动及其辅助活动之外开展非独立核算经营活动发生的支出。“经营支出”属于支出类科目，借方登记经营支出的增加数，贷方登记本期发生的经营支出转销数，平时借方余额反映事业单位经营支出实际累计数。期末结账后，本科目应无余额。

“经营支出”科目应当分别按照经营活动类别、项目、《2023年政府收支分类科目》中“支出功能分类科目”相关科目等进行明细核算。经营项目比较少的单位也可直接按经营项目和功能科目进行明细核算。为了更好地归集核算经营支出的具体用途，事业单位，也可以参照事业支出的核算方式，按照《2023年政府收支分类科目》中“支出经济分类”的款级科目进行明细核算。

2. 经营支出的账务处理

（1）为在专业业务活动及其辅助活动之外开展非独立核算经营活动人员计提的薪酬等，借记“经营支出”科目，贷记“应付职工薪酬”等科目。

（2）在专业业务活动及其辅助活动之外开展非独立核算经营活动领用、发出的存货，按领用、发出存货的实际成本，借记“经营支出”科目，贷记“存货”科目。

（3）在专业业务活动及其辅助活动之外开展非独立核算经营活动中发生的其他各项支出，借记“经营支出”科目，贷记“库存现金”“银行存款”“应缴税费”等科目。

（4）期末，将“经营支出”科目本期发生额转入经营结余，借记“经营结余”科目，贷记“经营支出”科目。

（二）事业支出的核算

事业支出是事业单位在提供专业服务和辅助服务活动时耗费的数额，是事业单位支出的核心和主要内容。

事业支出与事业收入两者之间不是配比的关系。事业单位依法组织的各项收入，包括财政补助收入、事业收入、上级补助收入、附属单位上缴收入和其他收入等，安排的用于事业发展的支出，都属于事业支出。也就是说，事业收入只是事业支出的一个来源。

1. 事业支出的科目设置

事业单位应设置“事业支出”总账科目，核算事业单位在开展专业业务活动及其辅助活动中发生的各项支出。“事业支出”属于支出类科目，借方登记事业支出的发生与增加，贷方登记本期发生的事业支出转销数，平时借方余额反映事业单位事业支出累计数。期末结账后，本科目应无余额。

“事业支出”科目应当分别按照“财政补助支出”“非财政专项资金支出”和“其他资金支出”“基本支出”和“项目支出”等层级进行明细核算；并按照《2023 年政府收支分类科目》中“支出功能分类科目”的项级科目进行明细核算；“基本支出”和“项目支出”明细科目下应当按照《2023 年政府收支分类科目》中“支出经济分类科目”的款级科目进行明细核算。同时，在“项目支出”明细科目下按照具体项目进行明细核算。

为了简化科目设置，可以将支出功能分类、支出经济分类作为辅助核算；项目比较多的事业单位，还可以将具体项目一并实行辅助核算，实现对项目收入与支出的完整核算与反映。

财政部之所以单独设置“非财政专项资金支出”二级科目，主要是考虑到事业单位在开展专业业务活动及辅助活动过程中，除了接受财政补助资金外，还要经常从主管部门、非同级财政以及其他单位取得有专门用途、需要专账核算的项目资金，为了切实加强对这部分专项资金的核算和管理，非常有必要将其与事业单位使用自有资金安排的项目支出区分开来，因此就将这部分专项支出从非财政补助支出中单列出来，并专门增设了明细科目。

因此，“非财政专项资金支出”就是指事业单位在专业业务活动及辅助活动过程中，从同级财政部门以外的其他部门和单位取得的，具有专项用途的项目资金支出，其资金来源包括事业收入、上级补助收入、附属单位上缴收入、其他收入中的专项资金收入；而“其他资金支出”科目下的“项目支出”仅指用事业单位本身自有资金安排的项目支出。事业单位开展专业业务活动及辅助活动过程中，从其他单位取得的非财政、非专项支出，以及使用自有资金安排的基本支出，均在“其他资金支出”下的“基本支出”科目反映。

2. 事业支出的账务处理

（1）事业单位为从事专业业务活动及其辅助活动人员计提的薪酬等，

借记“事业支出”科目，贷记“应付职工薪酬”等科目。在列支提取应付职工薪酬时，应按照包括代扣款项在内的数额满额提取，待具体发放薪酬时再按规定进行扣缴。

（2）事业单位开展专业业务活动及其辅助活动领用存货，按领用存货的实际成本，借记“事业支出”科目，贷记“存货”科目。

（3）开展专业业务活动及其辅助活动中发生的其他各项支出，借记“事业支出”科目，贷记“库存现金”“银行存款”“零余额账户用款额度”“财政补助收入”等科目。

（4）期末，将事业支出（财政补助支出）本期发生额转入“财政补助结转”科目，借记“财政补助结转——基本支出结转、项目支出结转”科目，贷记“事业支出——财政补助支出——基本支出、项目支出”科目；将事业支出本期发生额中的非财政专项资金支出结转入“非财政补助结转”科目，借记“非财政补助结转”科目，贷记“事业支出——非财政专项资金支出”科目；将事业支出本期发生额中的其他资金支出结转入“事业结余”科目，借记“事业结余”科目，贷记“事业支出——其他资金支出”科目。

第二节　事业单位资产与负债的核算

一、事业单位资产的核算

（一）库存现金的核算

1. 库存现金的科目设置

对于事业单位而言，为了清晰地追踪库存现金的收支变动和结余情况，应设立名为“库存现金”的总账科目。“库存现金”科目属于资产类科目，其在总账中以借方记录收入或增加，以贷方记录支出或减少。借方余额反映了实际持有的库存现金金额。通常情况下，对于“库存现金”科目，无须设立明细科目。但如果涉及外币现金，就需要创建“库存现金日记账”进行详细核算，分别按照人民币和各种外币进行登记。这样可以更加精确地记录外币现金的流动情况。

2. 库存现金的账务处理

（1）现金存取。当事业单位需要提取现金时，会进行如下账务处理：在会计记录中借记“库存现金”科目，表示现金从库存中取出；贷记“银行存款”科目，表示该笔现金转入银行账户，完成提取过程。当事业单位有现金收入需要存入银行时，会按照以下方法进行账务处理：在会计记录中借记“银行存款”科目，表示现金存入银行；贷记“库存现金”科目，表示库存现金减少。

（2）现金收付。现金的收付涉及相关科目的处理。例如，当事业单位收到现金时，会借记“库存现金”科目，表示库存现金的增加；同时，贷记相应的收入科目，记录收入的来源。当事业单位进行现金支出时，会借记相应的支出科目，记录支出的用途；同时，贷记“库存现金”科目，表示库存现金的减少。

（3）现金借还。在现金借出和归还的过程中，会牵涉两个重要科目，即其他应收款和库存现金。具体操作如下：当事业单位借出现金时，会借记“其他应收款”科目，表示应收回的现金；而贷记“库存现金”科目，表示库存现金的减少。相反地，当差旅费等报销款项需要归还时，会借记相关科目，表示归还的费用；然后，贷记“其他应收款”科目，表示其他应收款的减少，并最终借贷记“库存现金”科目，使账务处理平衡。

（4）现金损益。现金的溢余或短缺会涉及其他应付款和其他收入或其他支出等科目。具体处理如下：当现金出现溢余且需要支付给相关人员或单位时，会借记“库存现金”科目，表示库存现金的减少；同时，贷记“其他应付款”科目，表示待支付的款项。然后对于无法查明原因的现金溢余部分，会借记“库存现金”科目，然后贷记“其他收入”科目，将该溢余纳入其他收入类科目中。现金出现短缺，需要责任人赔偿的部分，会借记“其他应收款”科目，表示应收回的款项；而贷记“库存现金”科目，表示库存现金的减少。对于无法查明原因的现金短缺部分，经批准后，会借记“其他支出”科目，然后贷记“库存现金”科目，将该短缺纳入其他支出类科目中。

需要注意的是，与企业及行政单位会计通过“待处理财产损溢”科目处理现金损益不同，事业单位对于现金短缺，直接做应收或列支处置；对现金溢余，直接做应付或列收处置。这样处理的最大问题是，当发现现金损益后，不能直接处置，而必须要待查清原因、明确责任后才能进行账务处理，从而不符合会计核算的及时性原则。因此，事业单位应扩大“待处置资产损益”

科目的核算范围，将库存现金损益通过“待处置资产损益”科目进行核算，既可实现会计制度的统一，也能够提高会计核算的及时性。

（二）银行存款的核算

实行国库集中支付后，财政部门为各预算单位在商业银行开立零余额账户，用于反映财政授权支付用款额度的下达和使用情况。预算单位开设零余额账户后，单位的一切开支和资金往来都应通过零余额账户办理，其他账户原则上应予取消。在这种情况下，预算单位自然也就不再存在银行存款。但考虑到实际管理的需要，特别是事业单位的自有收入比较多，为了积极稳妥地推进改革，减少改革阻力，大多数地方按规定程序审批后，仍然保留了单位的原有基本存款账户和相关的专门账户，银行存款就是指这些账户内的各项存款。

1. 银行存款的科目设置

事业单位应设置“银行存款”总账科目，核算存放在银行或其他金融机构的各种存款。“银行存款”属于资产类科目，借方登记银行存款的增加，贷方登记银行存款的减少，借方余额反映单位实际存放在银行或其他金融机构的款项。

2. 银行存款的账务处理

（1）人民币存款账务处理。当事业单位进行存款时，会借记“银行存款”科目，同时贷记相关款项来源科目，这些来源科目可能包括“库存现金”“事业收入”“经营收入”等。当事业单位需要提取或支出存款时，会进行相反的操作：借记相关款项科目，表示账户减少了相应金额；然后贷记“银行存款”科目，表示这笔款项离开了银行账户。

（2）外币存款账务处理。当事业单位涉及外币业务时，须根据当日的即期汇率将外币金额转换为人民币，并同时记录外币金额及汇率信息。这有助于确保正确计算外币交易对人民币的影响。在期末结算时，各外币账户的外币余额需依据期末即期汇率折算成相应的人民币金额，从而得出外币账户的期末人民币余额。这样做可以及时反映外币资产在人民币视角下的价值。对各外币账户人民币余额进行调整后，若与原始记账时的人民币余额存在差异，这部分差额视为汇兑损益，并记入相关支出项目。这样处理可以准确记录外币兑换带来的损益情况，确保财务报表的准确性。

第一，如果企业进行外币购买物资或劳务等，需要根据当日的即期汇率将支付的外币金额或应支付的外币金额折算成人民币金额。具体操作是将相关款项借记到相应科目，然后贷记到“银行存款”“应付账款”等科目对应的外币账户。

第二，企业收取外币相关款项或收入，也需要根据当日的即期汇率将收取的外币金额或应收取的外币金额折算成人民币金额。这时，需要将相关款项借记到“银行存款”“应收账款”等科目的外币账户，然后贷记到相应科目。

第三，期末需要对汇兑损益进行调整。具体做法是根据各外币账户按期末汇率调整后的人民币余额与原账面人民币余额的差额，将其作为汇兑损益。这时，需要借记或贷记“银行存款”“应收账款”“应付账款”等科目，然后相应地贷记或借记“事业支出”“经营支出”等科目。

（三）应收及预付款项的核算

1. 财政应返还额度的核算

财政应返还额度是指实行国库集中支付的事业单位，年终注销的，需要在次年恢复的年度未使用的用款额度。实行国库集中支付后，事业单位的财政经费由财政部门通过国库单一账户体系统一拨付，在单位实际支用以前就沉淀在财政部门。其中，授权支付额度在平时就形成零余额账户用款额度，在年终连同尚未下达额度的授权支付指标构成财政对单位的负债；而直接支付预算指标平时在单位不作核算，实际支付时单位作列收列支处理，在年终尚未支付的直接支付指标也同样构成财政对单位的负债。

财政应返还的额度包括直接支付额度和授权支付额度。财政应返还的直接支付额度就是本年财政直接支付预算指标与当年财政实际直接支付数的差额。财政应返还的授权支付额度包括两个方面的内容：一方面，未下达授权支付额度的预算指标，即当年预算已经安排、但财政部门当年没有下达授权支付额度的预算指标；数量上等于当年授权支付预算指标数额与当年实际下达授权支付额度之间的差额。另一方面，已下达但未使用的授权支付额度，即财政部门当年根据预算指标将授权支付额度下达到代理银行，但事业单位当年尚未实际支付的额度余额；数量上等于当年已经下达的授权支付额度与当年实际支用的授权支付额度之间的差额。

（1）事业单位“财政应返还额度”的科目设置。在实行国库集中支付的过程中，事业单位应建立一个名为“财政应返还额度”的总账科目，用于准确核算应收财政返还的资金金额。“财政应返还额度”被归类为资产类科目，将它作为事业单位的资产进行管理和登记。在借贷记账原则的指导下，对于“财政应返还额度”，需要在借方登记增加相应的数额，在贷方登记减少相应的数额。事业单位在期末的借方余额反映了他们应该收到的财政返还资金的金额，这是对实际资金归集情况的一种反映。为了更加详细地核算资金流向，事业单位在“财政应返还额度”科目下，设立了财政直接支付和财政授权支付等明细科目，从而实现明细核算的目的。这样一来，财务情况将更加清晰透明。

（2）事业单位“财政应返还额度”的账务处理。

第一，财政直接支付方式。在财政直接支付方式下，事业单位在年度结束时，必须进行会计处理，以核实本年度预算指标数与实际支出数之间的差额。如果实际支出少于预算指标数，将该差额记为借方“财政应返还额度——财政直接支付”，以明确应返还给财政的金额。接着，将同样的金额记为贷方“财政补助收入”，以表明这是来自财政的补助资金。这样，就能准确记录财政直接支付方式下的财务情况，并为下一年度的预算执行作好准备。需要强调的是，当下一年度恢复财政直接支付额度时，并不需要作会计处理，只需在实际支出发生时进行相应的记账操作即可。

第二，财政授权支付方式。对于财政授权支付方式，事业单位在年度结束时，会依据代理银行提供的对账单进行账务处理。如果发现财政授权支付预算指标数大于零余额账户用款额度下达数，将该差额记为借方“财政应返还额度——财政授权支付”，以明确应返还给财政的金额。接着，将同样的金额记为贷方“财政补助收入”，以反映这笔补助资金的到账。在下一年度开始时，根据代理银行提供的额度恢复到账通知书，进行恢复额度的相关账务处理，以确保资金的正确流转。此外，事业单位收到财政部门批复的上年年末未下达零余额账户用款额度时，将该金额记为借方“零余额账户用款额度”，以确认零余额账户中的可用资金。同时，将同样的金额记为贷方“财政应返还额度——财政授权支付”，以明确这是应返还给财政的金额。这些账务处理将有助于事业单位准确记录财政授权支付方式下的财务状况，并确保资金使用合规。

2. 应收票据的核算

（1）事业单位“应收票据”的科目设置。

事业单位应设置“应收票据”总账科目，核算事业单位因从事经营活动销售产品或提供劳务而收到的商业汇票（包括银行承兑汇票和商业承兑汇票）。“应收票据”属于资产类科目，借方登记收到的商业汇票的金额，贷方登记到期收回、已背书转让或者已经贴现的商业汇票的票面金额。期末余额在借方，反映事业单位持有的商业汇票票面金额。“应收票据”科目应按开出承兑商业汇票的单位等进行明细核算。

（2）事业单位“应收票据”的账务处理。

第一，收到票据。当事业单位收到商业汇票时，会计人员应该根据票据的金额进行以下记账操作：借记“应收票据”科目，金额为商业汇票的票面金额，表示应收票据增加；同时，贷记“经营收入”科目，金额为确认的收入金额，表示确认收入；还需贷记“应缴税费——应缴增值税”科目，金额为应缴增值税金额，表示应缴的增值税金额。

第二，贴现票据。若持有的商业汇票未到期，而事业单位需要提前将其贴现给银行，也需要进行相应的会计处理。当事业单位将商业汇票贴现给银行时，会计人员应该按照实际收到的贴现金额进行以下记账操作：借记“银行存款”科目，金额为实际收到的贴现金额，表示银行存款增加；还需借记“经营支出”科目，金额为贴现息，表示贴现支出；贷记“应收票据”科目，金额为商业汇票的票面金额，表示应收票据减少。

第三，转让票据。会计人员应该根据物资的成本金额进行以下记账操作：借记相关科目，金额为物资成本，表示物资增加；贷记“应收票据”科目，金额为商业汇票的票面金额，表示应收票据减少。若转让票据后，存在差额，还需要根据实际情况进行借记或贷记“银行存款”等相关科目，以平衡账目。

第四，兑付票据。当商业汇票到期时，事业单位应该作出以下处理：收回应收票据，会计人员应该借记“银行存款”科目，金额为实际收到商业汇票的票面金额，表示银行存款增加；贷记“应收票据”科目，表示应收票据减少。如果收到了退回的商业汇票或其他等价物，则应该借记“应收账款”科目，金额为商业汇票的票面金额，表示应收账款增加；同时，贷记“应收票据”科目，表示应收票据减少。

3. 预付账款的核算

（1）事业单位预付账款的科目设置。事业单位在总账上设置了“预付账款”科目，用于记录相关的交易和金额。预付账款的核算标准是按照购货或劳务合同的规定预付给供应单位的款项。这意味着当事业单位与供应商或个人签订合同后，根据合同规定提前支付一部分费用或款项。“预付账款”属于资产类科目，因为它代表了事业单位拥有的尚未消耗或结算的资源。其记账方法十分简明：当预付账款发生增加时，记入借方；而当预付账款发生减少时，记入贷方。这样做可以很清晰地反映预付账款的动向。期末借方余额反映了事业单位实际预付但尚未结算的款项，也就是尚未在合同规定的时间范围内消耗或结算的金额。为了更好地掌握预付账款的具体情况，事业单位进行了明细核算。这意味着对于不同的供应单位或个人，会单独记录其预付账款的细节。此外，预付账款的资金性质也需要做相应登记。可以通过明细核算或辅助登记的方式，记录预付款项的来源，包括财政补助资金、非财政专项资金和其他资金，以便更好地进行资金管理和决策。

（2）事业单位预付账款的账务处理。

第一，对于事业单位预付账款的记账，应根据实际预付的金额进行处理。具体方法是，借记“预付账款”科目，以反映预付的金额，同时，还需贷记“零余额账户用款额度”“财政补助收入”“银行存款”等相关科目，以确保账目的平衡和准确性。

第二，在事业单位收到购入物资或劳务时，也需要遵循一定的记账方法。按照购入物资或劳务的成本，应借记相关科目，以记录实际支出的金额。预付款项的金额应贷记“预付账款”科目。随后，当补付款项时，还需要贷记“零余额账户用款额度”“财政补助收入”“银行存款”等科目，以便反映资金流动的全过程。

第三，对于购入固定资产和无形资产的记账方法，必须根据其确定的成本进行处理。在这种情况下，应借记“固定资产”“无形资产”科目，以反映资产的增加。同时，贷记“非流动资产基金——固定资产、无形资产”科目，用以表明对应资金来源。此外，还需要根据资产购置支出，借记“事业支出”“经营支出”等科目，以记录实际的支出金额，并贷记“预付账款”科目，以反映预付的金额。随后，当补付款项时，仍需贷记“零余额账户用款额度”“财政补助收入”“银行存款”等科目，以保证账务的准确性。

第四，当需要核销预付账款并转入待处置资产时，也需要遵循特定的记账方法。根据待核销的预付账款金额，应借记“待处置资产损益”科目，以记录待处置资产的减值。与此同时，还需贷记“预付账款”科目，以取消预付款项。当核销获得批准后，应借记“其他支出”科目，以记录实际的损失金额，并贷记“待处置资产损益”科目，以表明减值的发生。如果以后期间已核销的预付账款得到收回,还需要根据实际情况收回金额,借记“银行存款”等科目，以反映资金的增加，并贷记“其他收入”科目，以表明收入的产生。

4. 其他应收款的核算

（1)事业单位“其他应收款”的科目设置。在核算事业单位的各项款项时,需要设立一个名为“其他应收款”的总账科目。这个科目的作用是记录除了财政应返还额度、应收票据、应收账款、预付账款之外的其他应收款和暂付款项。“其他应收款”属于资产类科目，当各种其他应收款项发生时，在账簿上会记录借方；而单位收回其他应收款时，则会在账簿上记录贷方。如果在期末时，“其他应收款”的余额在借方，这意味着事业单位尚未收回这部分款项，还有待后续的收款过程。为了更加清晰地了解各项款项的具体情况,“其他应收款”科目应该根据不同的其他应收款类别以及债务单位(或个人)进行详细的核算和分类。这样可以更好地掌握资金流动和款项归属情况。

（2）事业单位“其他应收款”的账务处理。

第一，当事业单位出现其他各种应收及暂付款项时，会做出相应的记账处理。具体做法是，会计账簿中借记“其他应收款”科目，同时贷记“银行存款”“库存现金”等相应的科目。这样的操作反映了这些款项是从其他渠道流入单位，属于应收的资金。当需要收回或转销这些应收及暂付款项时，账务处理会有所不同。在这种情况下，会将“银行存款”“库存现金”等相关科目借记,表明单位收到了相应的款项或者转出了暂付款项,同时再将“其他应收款”科目贷记。这个贷记操作表明了相关款项已经回到单位手中或者转出单位，不再属于应收范畴。

第二，财务部门核定备用金并进行发放时，会对账目进行处理。这时，会将“其他应收款”这个科目借记，表示备用金已经核定且待发放。同时，会相应地贷记“库存现金”等科目，表示备用金的发放以现金形式进行。如果根据报销的数额需要用现金补足备用金定额，账务处理将有所变化。在这种情况下，会借记相关科目，表明从其他账户或经费中划拨资金用于补足备用金。同时，再次贷记“库存现金”等科目，表示备用金已得到补足。需要注意的是,这种情况下报销数和拨补数并不通过“其他应收款”科目进行核算,而是直接进行调整。

第三，核销“其他应收款”并将其转入待处置资产时，会进行相应的记账处理。按照待核销的其他应收款金额，会将“待处置资产损益”这个科目借记，同时贷记“其他应收款”科目，反映了其他应收款已经转为待处置资产。当核销得到批准时，会对账目进行进一步处理。这时，会借记“其他支出”科目，表示核销其他应收款所对应的费用支出。同时，会将“待处置资产损益”科目贷记，表明待处置资产的金额已经纳入费用核算。若已核销的其他应收款在以后的期间内有了回收，会再次进行记账处理。根据实际收回的金额，会借记“银行存款”等科目，表示单位收到了这部分回收款项。同时，会将“其他收入”科目贷记，表示收到的款项属于其他收入范畴。这样，账目就能反映出其他应收款的回收情况。

（四）存货的核算

1. 存货的科目设置

事业单位应设置“存货”总账科目，核算事业单位在开展业务活动及其他活动中为耗用而储存的各种材料、燃料、包装物、低值易耗品及达不到固定资产标准的用具、装具、动植物等的实际成本。“存货”属于资产类科目，借方登记存货的增加额，贷方登记存货的减少额，期末余额在借方，反映事业单位存货的实际成本。

事业单位应当按照存货的种类、规格、保管地点等设置明细账，进行明细核算。同时，事业单位还应当通过明细核算或辅助登记的方式，登记取得存货成本的资金来源。

对于从事自行加工存货业务的事业单位，需要在“存货”科目下设立“生产成本”细目，以便记录和核算自行加工存货所产生的实际成本。

2. 存货的账务处理

（1）存货的取得。

购入存货：当企业采购新的存货时，需要进行验收入库。一旦存货被确认接收，并确定了其成本，就会进行相应的记账操作。记账时，会借记“存货”科目，表示存货的增加，同时会贷记相应科目，例如“银行存款”“应付账款”等，表示支付存货采购款项的来源。

增值税一般纳税人购入非自用材料：对于增值税一般纳税人来说，在购入非自用材料时，除了记账成本外，还需要根据增值税专用发票上注明的增值税额进行记账。这时会借记“应缴税费——应缴增值税（进项税额）”科目，表示企业需要向国家交纳这部分增值税。

自行加工的存货：当企业进行自行加工生产存货时，加工过程中会产生一些费用，这些费用需要进行相应的记账。企业会借记“存货”（生产成本）科目，同时会贷记相关明细科目，例如“领用材料”“应付职工薪酬”等，表示这些费用的来源。加工完成后，企业会按照实际成本将存货记账，反映存货的真实价值。

接受捐赠、无偿调入的存货：当企业接受捐赠或者无偿调入存货时，需要按确定的成本进行记账。企业会贷记相关科目，将这些存货的价值反映在财务报表上。差额部分会贷记“其他收入”科目，表示这是一种非常规性的收入来源。

（2）存货的发出。

领用、发出存货：当企业领用或发出存货时，会按实际成本进行记账。这时应借记“事业支出”“经营支出”等科目，表示存货的减少；同时应贷记“存货”科目，反映存货的实际减值。

对外捐赠、无偿调出存货：如果企业将存货进行对外捐赠或者无偿调出，这些存货会转入待处置资产，因此会按存货账面余额进行相应的记账。企业应借记“待处置资产损益”科目，表示存货的减少；同时应贷记“存货”科目，反映这部分存货的转出情况。

（3）存货的盘盈、盘亏与毁损、报废。

盘盈的存货：如果在进行盘点时发现存货盘点数量超过了账面数量，这部分称为盘盈。企业会按确定的入账价值进行记账，借记“存货”科目，表示存货的增加；同时应贷记“其他收入”科目，表示这是一种非常规性的收入来源。

盘亏、毁损、报废的存货：如果在盘点时发现存货数量少于账面数量，或者存货因毁损或报废而无法继续使用，这部分称为盘亏、毁损或报废。这时会按待处置存货的账面余额进行记账，借记“待处置资产损益”科目，表示存货的减少；同时贷记“存货”科目，反映存货的转出情况。

增值税一般纳税人购进非自用材料发生盘亏、毁损、报废时：对于增值税一般纳税人来说，在发生盘亏、毁损、报废时，除了存货账面余额的处理，还需要根据相关增值税进项税额转出金额进行记账。这时应借记“待处置资产损益”科目和“应缴税费——应缴增值税（进项税额转出）”科目，反映增值税的调整情况。

经批准予以处置时：当存货经过批准予以处置时，会按“待处置资产损益”科目的相应余额进行记账。这时借记“其他支出”科目，表示处置存货所产生的费用；同时贷记“待处置资产损益”科目，表示存货处置后的结余。

（五）固定资产的核算

1. 固定资产的科目设置

在事业单位的财务核算中，应当设置两个重要的总账科目，即“固定资产”和“累计折旧”。“固定资产”是资产类科目，其主要作用是准确核算固定资产的原价。这意味着所有购入或建造的固定资产的成本都将被记录在这个科目中。无论是土地、建筑、机器设备还是其他长期使用的资产，它们的原始价值都会在这个科目中体现。“累计折旧”是资产备抵科目，其用途是跟踪固定资产的累计折旧额。在固定资产使用过程中，由于年限的增加以及日常磨损，其价值会逐渐减少。

关于“固定资产”的记账方法是：当购买或建造新的固定资产时，将在“固定资产”科目的借方登记增加相应的金额；而当出售或处置固定资产时，则在“固定资产”科目的贷方登记减少对应的金额。

至于“累计折旧”的记账方法，它的贷方登记将用于记录当期内计提的固定资产累计折旧额，而借方登记则用于记录处置固定资产时转出的累计折旧。这样做的目的是将固定资产的减值情况反映在账目中。期末“累计折旧”科目的贷方余额将准确反映出事业单位提取的固定资产折旧的累计数。

事业单位应当在“固定资产”科目下，按照固定资产类别、项目和使用部门等进行明细核算，同时在“累计折旧”科目下，按照所对应固定资产的类别、项目等进行明细核算。

此外，为了同时满足预算管理和财务管理的双重需要，与行政单位类似，事业单位在净资产类“非流动资产基金”科目下设置了一个“固定资产”明细科目，用于核算和反映事业单位固定资产在净资产中占用的金额。因此，“固定资产”也属于“双分录”的账务处理范围，“固定资产”总是与“非流动资产基金——固定资产”相对应。

2. 固定资产的账务处理

（1）固定资产的取得。

第一，外购固定资产。在外购固定资产的核算过程中，需要确定固定资产的成本，这包括购买价款、相关税费以及将固定资产交付使用状态前的运输费、装卸费、安装调试费和专业人员服务费等。当一笔款项购入多项没有单独标价的固定资产时，需要按照各项固定资产同类或类似资产市场价格的比例对总成本进行分配，从而分别确定各项固定资产的入账成本。

对于购入需要安装的固定资产，先通过“在建工程”科目进行核算。全部成本包括购买价、包装费、运输费和安装费，这些费用将被计入在建工程科目的借方，而非流动资产基金的“在建工程”科目则被计入贷方。同时，根据实际支付金额，还需要将相关费用分别计入事业支出、经营支出等科目的借方，并将财政补助收入、零余额账户用款额度、银行存款等科目计入贷方。

在购入固定资产时，如果扣留了质量保证金，将固定资产（不需要安装的）或在建工程（需要安装的）科目计入借方，而非流动资产基金的“固定资产”或“在建工程”科目则计入贷方。

如果取得的资产发票不包括质量保证金，则将不包括质量保证金的支出金额计入事业支出、经营支出、专用基金——修购基金等科目的借方。同时，将财政补助收入、零余额账户用款额度、银行存款等科目计入贷方。以上便是在外购固定资产核算过程中的关键点，确保财务记录准确完整。

第二，自行建造固定资产。在自行建造固定资产的过程中，所有必要的支出都会被计入成本。这包括了建造过程中发生的一切费用，确保资产能够按计划顺利建成。当工程完工并交付使用时，实际发生的支出将被记录在“固定资产”账户中。同时，这些支出也会记入“非流动资产基金——固定资产”和“非流动资产基金——在建工程”科目。对于已经交付使用但尚未完成最终决算的固定资产，会根据估计的价值进行入账。待实际成本确定后，会对账目进行相应调整，确保账面价值与实际成本相符。

第三，融资租入固定资产。在企业融资租入固定资产的过程中，需要考虑多个成本因素。这些成本包括租赁价款、相关税费、运输费、途中保险费以及安装调试费等。根据租赁协议所确定的具体成本，企业需要将其借记到适当的会计科目中，通常是“固定资产”或“在建工程”科目。

在具体操作中，根据租赁协议确定的租赁价款会被贷记到“长期应付款”科目，而差额则贷记到“非流动资产基金——固定资产（或在建工程）”科目。

除了租赁价款，企业还需要支付其他相关费用，例如税费、运输费、途中保险费以及安装调试费等。这些费用需要根据实际支付情况来处理，一般会将其借记到“事业支出”或“经营支出”科目，然后贷记到“财政补助收入”“零余额账户用款额度”或“银行存款”等相关科目。

此外，企业可能会接受捐赠或无偿调入的固定资产。对于这些资产，成本的确定需要依据凭据金额或同类市场价格，并加上相关费用。在没有凭据和市场价格的情况下，通常会按照名义金额进行入账处理。

接受捐赠或无偿调入的固定资产，在确定了成本后，企业需要将其借记到“固定资产”或“在建工程”科目，同时贷记“非流动资产基金——固定资产（或在建工程）”科目。与这些固定资产相关的税费、运输费等实际发生的支出，会被借记到“其他支出”科目，然后相应地贷记“银行存款”等相关科目。

（2）固定资产的折旧计提。在固定资产使用寿命内，事业单位应按照一定的方法对其进行折旧分摊。这是确保资产价值逐渐减少与使用寿命相适应的重要步骤。折旧分摊必须遵循既定的方法，确保计算的准确性和一致性。这有助于维护财务记录的可靠性和透明度。每月计提固定资产折旧时，必须根据实际折旧金额进行准确操作。这样可以及时反映资产价值的实际减少。

记账时，要借记“非流动资产基金——固定资产”科目，表示固定资产的净值减少；同时贷记“累计折旧”科目，显示已经计提的折旧总额。这样做有助于跟踪资产价值和折旧情况。

（3）固定资产的清查。

第一，盘盈固定资产。需要确定入账价值，这是通过参考同类或类似固定资产的市场价格来确定的。如果无法获得可靠的市场价格，则将按名义金额（通常为 1 元）入账。一旦入账价值确定，记账方式如下：这时应在会计记录中借记“固定资产”科目，同时贷记“非流动资产基金——固定资产”科目。这样做的目的是将资产的价值正确地反映在财务报表中，并确保相关账目的准确性。

第二，盘亏或者报废、毁损固定资产。将待处置固定资产的账面价值转入“待处置资产损益——处置资产价值”科目。同时，已计提的折旧额将转入“累计折旧”科目。公司会将固定资产的账面余额转出，这意味着从会计记录中去除该资产。这样的处理确保了账目的准确性，并反映了实际资产的情况。如果经过批准，公司决定处置固定资产，他们会进行以下操作：借记“非流动资产基金——固定资产”科目，这是为了反映已处置资产对应的非流动资产基金；同时，贷记“待处置资产损益——处置资产价值”科目，以反映处置资产的价值。

（4）固定资产的后续支出。

第一，固定资产的改扩建。将固定资产账面价值转入改建、扩建、修缮的项目中，这部分金额应借记到“在建工程”科目，同时贷记到“非流动资产基金——在建工程”科目。对应的非流动资产基金会借记到“非流动资产基金——固定资产”科目。已计提的折旧会借记到“累计折旧”科目。而固定资产的账面余额会相应地贷记到“固定资产”科目。

当工程完工并交付使用时，相应的记账处理如下：借记“固定资产”科目，以记录固定资产的实际值。同时，贷记“非流动资产基金——固定资产”科目，以表示非流动资产基金的转入。在此同时，若还有未使用的资金，这部分未使用的资金会被借记到“非流动资产基金——在建工程”科目中。相应地，未使用的资金也会减少，会贷记到“在建工程”科目中。

第二，固定资产的维护。对于固定资产的维护费用，如日常修理等维护支出，应将其计入当期支出，而不会计入固定资产的成本中。具体的记账方式如下：维护支出会被借记到“事业支出”“经营支出”等科目中。而相应的补助收入或用款额度，会被贷记到“财政补助收入”“零余额账户用款额度”“银行存款”等科目中。这样的处理方式能够确保维护支出被正确计入当期支出，并且相应的收入或用款额度也能被正确记录。

（六）无形资产的核算

1. 无形资产的科目设置

事业单位应设置“无形资产”和“累计摊销”科目，前者用于核算事业单位的专利权、非专利技术、著作权、商标权、土地使用权等各种无形资产的原价；后者用于核算事业单位无形资产计提的累计摊销。

“无形资产”属于资产类科目，借方登记取得无形资产的成本，贷方登记处置无形资产的成本。期末余额在借方，反映事业单位无形资产的原价。“累计摊销”属于资产备抵类科目，贷方登记计提的无形资产的摊销额，借方登记因处置无形资产而转销的摊销额。期末余额在贷方，反映事业单位计提的无形资产摊销累计数。“无形资产”及“累计摊销”科目都应按无形资产的类别、项目等设置明细科目，进行明细核算。

2. 无形资产的账务处理

（1）无形资产的取得。

第一，外购无形资产的成本主要包括购买价款、税费以及与该资产预定用途相关的其他支出。这些支出在购买过程中都需要予以考虑，并在记账时进行详细记录。当事业单位购买无形资产时，需要进行相应的会计处理。他们应该在账簿上借记“无形资产”科目，表明增加了无形资产的价值；贷记“非流动资产基金——无形资产”科目，以表明该无形资产是由非流动资产基金所支付。实际支付的金额应该记入“事业支出”科目，表示支出的金额。而“财政补助收入”“零余额账户用款额度”“银行存款”等科目则相应地贷记，以反映资金的来源。

第二，自行开发无形资产需要按照法律程序申请，并将相关费用进行合理的会计处理。应将注册费、聘请律师费等费用借记“无形资产”科目，以表明增加了自行开发无形资产的价值；贷记“非流动资产基金——无形资产”科目，表示由非流动资产基金支付。与此相关的实际支出应当借记“事业支出”科目，而相应的资金来源科目如“财政补助收入”“零余额账户用款额度”“银行存款”等则贷记。

在事业单位依法取得无形资产之前的研究开发支出，应直接计入当期支出。具体地说，这些支出应该借记“事业支出”科目，同时贷记“银行存款”等科目，反映了研究开发阶段产生的费用。这些支出在取得无形资产后，不再被视为研究开发阶段的支出，而是作为已经获得的无形资产的一部分，纳入资产负债表中进行会计核算。

（2）无形资产的摊销。在摊销无形资产的过程中，无形资产会根据确定的方法在使用寿命内进行系统分摊。对于事业单位来说，无形资产的摊销额应当等于其成本。如果后续支出导致无形资产的成本增加，那么事业单位需要重新确定成本，并重新计算摊销额。

针对摊销的计提方式，事业单位采用年限平均法，按月计提摊销。对于无形资产的摊销年限，有以下规定：如果有法律规定了无形资产的有效年限，那么应当按照法律规定的有效年限进行摊销；对于没有法律规定有效年限但有相关合同或单位申请书规定受益年限的情况，应按照相关文件规定的受益年限进行摊销；如果既没有法律规定有效年限，也没有相关合同或单位申请书规定受益年限，那么要按不少于10年的期限进行摊销；具体的计提过程是按月进行的，需要将摊销金额记录在“非流动资产基金——无形资产”科目中作为借方，同时在“累计摊销”科目中作为贷方。

（3）无形资产的后续支出。

第一，无形资产的后续开发。对于后续开发而言，这些支出旨在提高无形资产的使用效能，涵盖了软件升级、改造以及功能扩展等方面。为了准确记录这些费用，会计部门应当将其记入借方的“无形资产”科目，同时将相应金额贷方记入“非流动资产基金——无形资产”科目。此外，还应将支出记入借方的“事业支出”等科目，并将相应数额贷方记入“财政补助收入”“零余额账户用款额度”“银行存款”等科目，以确保财务数据的准确和合规。

第二，无形资产的维护。维护支出主要用于保障无形资产的正常使用，包括漏洞修补和技术维护等。这些支出应当计入当期支出，但不会增加无形资产的成本。同样，为了正确记录这些费用，会计部门应当将其记入借方的“事业支出”等科目，同时将相应金额贷方记入“财政补助收入”“零余额账户用款额度”“银行存款”等科目。

（4）无形资产的处置。

第一，转让、无偿调出、对外捐赠无形资产。当公司决定转让、无偿调出或对外捐赠无形资产时，必须先获得相关审批，并按照特定步骤进行会计处理。根据待处置无形资产的账面价值，将该金额记入“待处置资产损益”科目。根据已计提的摊销金额，将相应数额记入“累计摊销”科目。按照无形资产的账面余额，将该金额记入“无形资产”科目。在实际进行转让、无偿调出或捐赠时，将相应的无形资产金额从“非流动资产基金——无形资产”科目借记，同时记入“待处置资产损益”科目的贷方。

第二，核销无形资产。如果发现无形资产无法带来预期的服务潜力或经济利益，公司需要进行核销。在获得相关批准后，将待核销无形资产的账面价值记入“待处置资产损益”科目。然后，根据已计提的摊销金额，将相应数额记入“累计摊销”科目，同时按无形资产的账面余额记入“无形资产”科目。一旦获得核销批准，应按核销无形资产的金额借记“非流动资产基金——无形资产”科目，并贷记“待处置资产损益”科目。

（七）在建工程的核算

1. 在建工程的科目设置

事业单位应设置“在建工程”科目，核算在建工程的实际成本。“在建工程”为资产类科目，借方登记在建工程成本增加额，贷方登记在建工程结转的成本额，期末借方余额，反映事业单位尚未完工的在建工程发生的实际成本。“在建工程”科目应按工程性质和具体工程项目等进行明细核算。同时，事业单位还应当在“在建工程”科目下设置“基建工程”明细科目，核算由基建账套并入的在建工程成本。

2. 在建工程的账务处理

（1）建筑工程。

第一，当事业单位进行固定资产改建、扩建或修缮时，应该进行以下记账处理：将固定资产的账面价值借记到“在建工程”科目，同时将相应的非流动资产基金贷记到“非流动资产基金——在建工程”科目。已计提的折旧也需要借记到“非流动资产基金——固定资产”科目，而固定资产的账面余额则需借记到“累计折旧”科目。同时，需要贷记“固定资产”科目，以确保账目平衡。

第二，当事业单位根据工程价款结算账单与施工企业结算工程价款时，也需要进行相应的记账处理。这时，应该将实际支付的工程价款借记到“在建工程”科目，同时贷记“非流动资产基金——在建工程”科目。而支出款项则需要借记到“事业支出”等科目，相应的收入账目包括“财政补助收入”“零余额账户用款额度”“银行存款”等科目，需要予以贷记。

第三，对于事业单位借入专门借款的利息，也需要进行记账处理。在这种情况下，应该将专门借款利息借记到“在建工程”科目，并相应地贷记“非流动资产基金——在建工程”科目。而利息支出则需要借记“其他支出”科目，同时贷记“银行存款”科目。

第四，当工程完工交付使用时，也需要进行相应的记账处理。在这个阶段，需要将建筑工程的实际成本借记到“固定资产”科目，并贷记“非流动资产基金——固定资产”科目。同时，将在建工程的余额借记到“非流动资产基金——在建工程”科目，并相应地贷记“在建工程”科目。

（2）设备安装。在购买所需设备时，事业单位应将实际安装费用计入固定资产原值。这确保了设备的总成本完整地反映在资产账户中。在设备安装工程方面，事业单位可以选择自营安装或出包安装两种方式。自营安装包含了材料、人工和其他支出的费用。自营安装方式下，安装费用涵盖了所有必要的开支，包括材料购买、人工费用以及其他支出。而出包安装方式则是指将安装工程外包给承包单位，安装费用是指支付给承包单位的安装价款。无论采用何种安装方式，包括购买价款、包装费、运输费和安装费等在内的全部安装工程成本都应该通过“在建工程”科目进行核算，确保项目的综合成本得以完整记录和追踪。

第一，购入设备安装方面，公司需要按照设备成本的金额来进行安装。将设备成本借记到“在建工程”账户，表示正在进行的安装工程。根据实际支付的金额，将支出分别借记到“事业支出”和“经营支出”账户。相关的资金来源需要贷记到“非流动资产基金——在建工程”账户，表示这些资金用于设备安装。还有来自财政补助的收入要贷记到“财政补助收入”账户，以及零余额账户提供的用款额度贷记到“零余额账户用款额度”账户，最后支付的资金则贷记到“银行存款”账户。

对于融资租入设备安装的情况，公司需要根据租赁协议确定的租赁价款来进行处理。设备确定的成本需要借记到“在建工程”账户，表示正在进行的安装工程。根据租赁协议确定的租赁价款，将其贷记到“长期应付款”账户，表示公司需要承担这笔长期债务。根据设备成本和租赁价款的差额，将其贷记到“非流动资产基金——在建工程”账户，表示这部分金额由非流动资产基金提供支持。相关的费用支付交易也需要按照上述方式进行处理。

第二，当安装费用发生时，公司需要将其借记到“在建工程”账户，表示这部分费用涉及进行中的安装工程。同时，将相应金额贷记到“非流动资产基金——在建工程”账户，以维持资金平衡。此外，还需要适当处理相关的支出和收入科目，以确保账务记录的准确性。

第三，设备安装完工并且交付使用时，公司需要进行相应的处理。将设备的成本借记到“固定资产”账户，表示该设备已成为公司的固定资产。将相关金额贷记到“非流动资产基金——固定资产”账户，表示这部分资金是用于固定资产的。

二、事业单位负债的核算

（一）流动负债的核算

1. 短期借款的核算

短期借款是指事业单位从财政部门、上级单位、金融机构和其他单位借入的期限在 1 年以内（含 1 年）的有偿使用的各种款项。

（1）事业单位短期借款的科目设置。事业单位应设置“短期借款”科目，核算短期借款的增减变动及结存情况。“短期借款”属于负债类科目，贷方反映短期借款增加的本金，借方反映偿还的短期借款的本金，期末贷方余额反映尚未偿还的短期借款本金。短期借款应按贷款单位和贷款种类设置明细账。

（2）事业单位短期借款的账务处理。

第一，借入各种短期借款时，按照实际借入的金额，借记“银行存款”等科目，贷记“短期借款”科目。

第二，支付短期借款利息时，借记“其他支出——利息支出”科目，贷记“银行存款”等科目。

第三，银行承兑汇票到期，单位无力支付票款的，按照银行承兑汇票的票面金额，借记“应付票据”科目，贷记“短期借款”科目；到期归还短期借款，借记“短期借款”科目，贷记“银行存款”科目。

2. 应付职工薪酬的核算

（1）事业单位应付职工薪酬的科目设置。设立名为“应付职工薪酬”的总账科目，以便对各类职工薪酬进行精确的记录和管理。这些薪酬项目包括基本工资、绩效工资、符合国家规定的各类津贴补贴、社会保险费、住房公积金等。在核算中，“应付职工薪酬”被视为负债类科目。每当发生职工薪酬时，贷方会计科目会相应增加，而借方会计科目则记录已支付的薪酬数。对于“应付职工薪酬”科目来说，期末贷方余额意味着尚未支付给员工的薪酬。因此，该科目的余额直接关系到企业的未决负债。为了确保准确性和透明度，对“应付职工薪酬”科目进行明细核算尤为重要。例如，要区分“工资（离退休费）”“地方（部门）津贴补贴”“其他个人收入”“社会保险费”“住房公积金”等项目，遵循规定进行分类和记录。这有助于管理层更好地了解员工薪酬构成，从而做出更明智的财务决策。

（2）事业单位应付职工薪酬的账务处理。

第一，计算当期应付职工薪酬，借记“事业支出”“经营支出”等科目，贷记“应付职工薪酬”科目。

第二，向职工支付工资、津贴补贴等薪酬，借记“应付职工薪酬”科目，贷记“财政补助收入”“零余额账户用款额度”“银行存款”等科目。

第三，按税法规定代扣代缴个人所得税，借记“应付职工薪酬”科目，贷记“应缴税费——应缴个人所得税”科目。

第四，按照国家有关规定缴纳职工社会保险费和住房公积金，借记“应付职工薪酬”科目，贷记“财政补助收入”“零余额账户用款额度”“银行存款”等科目。

第五，从应付职工薪酬中支付其他款项，借记“应付职工薪酬”科目，贷记“财政补助收入”“零余额账户用款额度”“银行存款”等科目。

3. 预收账款的核算

预收账款是指事业单位按照合同规定或交易双方的约定，向购货单位或接受劳务的单位预收的款项。预收账款需要事业单位在一定时间内交付商品或提供劳务来予以偿付。在事业单位按照合同或约定如期交货或提供劳务以后，预收账款才转为收入，债务才得以解除。

（1）事业单位预收账款的科目设置。事业单位应设置“预收账款”总账科目，核算反映其按照合同规定预收的款项。“预收账款”属于负债类科目，贷方反映单位预收的款项，借方反映已转销的款项，期末贷方余额反映事业单位按规定预收但尚未实际结算的款项。“预收账款”科目应按债权单位（或个人）进行明细核算。

（2）事业单位预收账款的账务处理。

第一，事业单位从付款方预收款项时，按照实际预收的金额，借记“银行存款”等科目，贷记“预收账款”科目。

第二，确认有关收入时，按照应确认的收入金额，借记“预收账款”科目，贷记“经营收入”“事业收入”等科目，按照付款单位补付或退回付款方的金额，借记或贷记“银行存款”等科目。

第三，无法偿付或债权人豁免偿还的预收账款，借记“预收账款”科目，贷记“其他收入”科目。

4. 其他应付款的核算

其他应付款是指事业单位除了应付票据、应付账款和预收账款等以外的其他各项偿还期限在 1 年内（含 1 年）的应付及暂收其他单位或个人的款项，如存入保证金、应付租入固定资产的租金等。

（1）事业单位其他应付款的科目设置。事业单位需要设置“其他应付款”总账科目，以便准确地核算应付、暂收以及支付的情况。“其他应付款”属于负债类科目，其贷方记录了应付或暂收给其他单位或个人的款项，而借方则反映了已经偿还给其他单位和个人的款项。因此，期末贷方余额将准确地反映出尚未支付的其他应付款。为了更好地进行账务处理，事业单位需要按照款项的类别或涉及的单位和个人，设立相应的明细账，以便更清晰地了解“其他应付款”的具体情况。

（2）事业单位其他应付款的账务处理。在“银行存款”“事业支出”“经营支出”等科目上进行借记，同时在“其他应付款”科目上进行贷记。而当需要支付其他应付款时，事业单位应该进行如下账务处理：他们需要在“其他应付款”科目上进行借记，同时在“银行存款”等科目上进行贷记，确保款项得到妥善的支付。有时可能会出现无法偿付或债权人豁免偿还的情况，这时也需要进行相应的账务处理：他们应该在“其他应付款”科目上进行借记，同时在“其他收入”科目上进行贷记，以妥善处理这些无法偿还的其他应付款项。

（二）非流动负债的核算

事业单位的非流动负债是指流动负债以外的负债，包括长期借款和长期应付款。

1. 长期借款的核算

长期借款是指事业单位从银行或其他金融机构借入的偿还期限在 1 年以上（不含 1 年）的各项借款，如从银行取得的长期贷款，或者向财务公司、投资公司等金融企业借入的长期款项，一般用于固定资产的购建、改扩建工程、大修理工程等。

（1）事业单位长期借款的科目设置。事业单位应设置“长期借款”科目，核算事业单位借入的期限在 1 年以上（不含 1 年）的各种借款。“长期借款”属于负债类科目，贷方反映长期借款借入的本金，借方反映已偿还的长期借款本金金额，期末贷方余额反映尚未偿还的长期借款本金。“长期借款”科目应当按照贷款单位和贷款种类进行明细核算，对于基建项目借款，还应按具体项目进行明细核算。

（2）事业单位长期借款的账务处理。

第一，借入长期借款。事业单位将实际借入金额记录在“银行存款”科目中，并在财务报表中记入“长期借款”科目。这种做法使得借款额度清晰明了，方便管理和追踪借贷情况。

第二，支付借款利息。在工程项目建设期间支付的专门借款利息被计入工程成本，以确保该项目的资金流入和流出能够准确反映在财务数据中。同时，在建工程期间支付的利息应借记“在建工程”科目，同时贷记“非流动资产基金——在建工程”科目，这样能够很好地跟踪和管理工程项目相关的成本和资金流向。此外，在支付利息的同时，还需借记“其他支出”科目，并贷记“银行存款”科目，以确保账目的平衡和准确性。

第三，归还长期借款。当事业单位归还长期借款时，应借记“长期借款”

科目，同时贷记“银行存款”科目。这样做的好处在于，及时更新了借款金额，反映了实际借还情况，并保持了财务的准确性和平衡性。

2. 长期应付款的核算

（1）事业单位长期应付款的科目设置。在事业单位的财务管理中，长期应付款是指偿还期限超过一年（但不包括一年）的应付款项，这些款项包括融资租赁租入固定资产所需支付的租赁费，以及跨年度分期付款购入固定资产的价款等。为了有效核算长期应付款业务，事业单位应当设立专门的“长期应付款”科目。这个科目的作用在于记录长期应付款的发生额，一般通过贷方进行记录。而一旦已经归还了部分或全部的长期应付款，相应的金额将通过借方进行登记。需要特别注意的是，“长期应付款”属于负债类科目，因为它代表了事业单位尚未支付的债务。因此，若期末余额在贷方，则反映出事业单位仍有尚未支付的长期应付款。为了更好地管理和了解长期应付款的情况，事业单位应该根据不同的长期应付款类别以及债权单位（或个人）进行详细核算。

（2）事业单位长期应付款的账务处理。

第一，发生长期应付款时，借记“固定资产”“在建工程”等科目，贷记“长期应付款”“非流动资产基金”等科目。

第二，支付长期应付款时，借记“事业支出”“经营支出”等科目，贷记“银行存款”等科目；同时，借记“长期应付款”科目，贷记“非流动资产基金”科目。

第三，无法偿付或债权人豁免偿还的长期应付款，借记“长期应付款”科目，贷记“其他收入”科目。

第三节　事业单位净资产的核算

一、事业单位财政补助结转与结余的核算

（一）财政补助结转的核算

财政补助结转是指事业单位滚存的财政补助资金，包括两个主要部分，

即基本支出结转和项目支出结转。

基本支出结转主要涉及使用财政补助收入支付基本支出后的剩余金额。其中包括人员经费和日常公用经费。换言之，事业单位在支付了必要的基本开支后，将剩余的财政补助资金进行结转。

而项目支出结转则涉及尚未完成的项目支出的资金。具体来说，项目支出结转包括三种情况：①在当年已开始执行但尚未完成的项目，会形成结转资金；②由于特殊原因，某些项目在当年未能执行，需要推迟到下一年执行，这也会产生结转资金；③对于需要跨年度执行的项目，尽管项目支出预算已经一次性安排，但相应的结转资金也会在当年形成。

1. 财政补助结转的科目设置

为了核算滚存的财政补助结转资金，事业单位应设置“财政补助结转”科目。本科目应当设置“基本支出结转”“项目支出结转”两个明细科目，并在“基本支出结转”明细科目下按照“人员经费”“日常公用经费”进行明细核算，在“项目支出结转”明细科目下按照具体项目进行明细核算；本科目还应按照《2023 年政府收支分类科目》中“支出功能分类科目”的相关科目进行明细核算。事业单位发生需要调整以前年度财政补助结转的事项，通过本科目核算。“财政补助结转”科目期末贷方余额，反映事业单位财政补助结转资金数额。

2. 财政补助结转的账务处理

（1）期末，结转本期财政补助结转。期末，事业单位将财政补助收入本期发生额结转入本科目，借记“财政补助收入——基本支出、项目支出”科目，贷记本科目（基本支出结转、项目支出结转）；将事业支出（财政补助支出）本期发生额结转入“财政补助结转”科目，借记本科目（基本支出结转、项目支出结转），贷记“事业支出——财政补助支出（基本支出、项目支出）”或“事业支出——基本支出（财政补助支出）、项目支出（财政补助支出）”科目。

（2）年末，结转本年财政补助结余。年末，财政补助结转完成结转后，事业单位应当对财政补助各明细项目执行情况进行分析，按照有关规定将符合财政补助结余性质的项目余额转入财政补助结余，借记或贷记本科目（项目支出结转——××项目），贷记或借记“财政补助结余”科目。

（3）年末，处理财政补助结转。事业单位本年度财政补助结转一般结转下年按原用途继续使用。但如果事业单位按规定上缴财政补助结转资金或注销财政补助结转额度的，按照实际上缴资金数额或注销的资金额度数额，借记本科目，贷记“财政应返还额度”“零余额账户用款额度”“银行存款”等科目。取得主管部门归集调入财政补助结转资金或额度的，做相反会计分录。

（二）财政补助结余的核算

财政补助结余是指事业单位在完成财政补助项目后，项目支出结余的资金。具体而言，它是事业单位所获得的财政补助收入减去用于支出的金额后所剩下的差额。这种结余情况包括以下几种：①项目完成后所形成的结余；②由于政策变化或计划调整等原因导致项目中止或撤销而产生的结余；③若某一预算年度安排的项目支出连续两年未使用或连续三年仍未使用完，则会形成剩余资金。

1. 财政补助结余的科目设置

为了核算滚存的财政补助项目支出结余资金，事业单位应设置“财政补助结余”科目。“财政补助结余”科目应当按照《2023年政府收支分类科目》中“支出功能分类科目”的相关科目进行明细核算。事业单位发生需要调整以前年度财政补助结余的事项，通过本科目核算。“财政补助结余”科目期末贷方余额，反映事业单位财政补助结余资金数额。

2. 财政补助结余的账务处理

（1）年末，结转财政补助结余。事业单位会对财政补助的各明细项目执行情况进行仔细分析，将符合财政补助结余性质的项目余额转入“财政补助结余”科目中。根据规定，支出结转时，事业单位会使用特定的科目，即借记或贷记“财政补助结转（××项目）”科目。这样，能够明确记录和追踪每个项目的结转情况。

（2）年末，处理财政补助结余。按规定上缴财政补助结余资金，或是注销财政补助结余额度。这些上缴或注销的资金数额将通过借记特定科目进行处理。与此同时，他们会使用贷记科目，比如“财政应返还额度”“零余额账户用款额度”“银行存款”等科目，来记录这些资金的去向和用途。值得一提的是，若主管部门需要归集调入财政补助结余资金或额度，则会进行相反的会计分录，以确保账目平衡和正确性。

二、各项基金的核算

（一）事业基金的核算

事业基金是指事业单位拥有的非限定用途的净资产，其来源主要为非财政补助结余扣除结余分配后滚存的金额。具体而言，事业单位的事业基金来源有三点：①非财政补助结余扣除结余分配后滚存的金额；②留归本单位使用的非财政补助专项（已完成项目）剩余资金；③对外转让或到期收回长期债券投资成本金额。事业基金没有限定的用途，不直接安排各项支出，用于弥补以后年度事业单位的收支差额，调节年度之间的收支平衡。但是，事业单位应当加强事业基金的管理，遵循收支平衡的原则，统筹安排、合理使用，支出不得超出基金规模。

为了核算事业基金的情况，事业单位应设置“事业基金”科目。事业单位发生需要调整以前年度非财政补助结余的事项，通过本科目核算；国家另有规定的，从其规定。本科目期末贷方余额，反映事业单位历年积存的非限定用途净资产的金额。

1. 因结余资金形成的事业基金

在事业单位形成的事业基金中，它主要由结余资金构成。每年结束时，事业单位需要将“非财政补助结余分配”科目的余额转入该基金中。在这一过程中，有两种选择，可以选择借记或贷记“非财政补助结余分配”科目，以便根据实际情况进行记账。同时，如果已经完成的非财政补助专项有剩余资金，这些资金也可以被转入事业基金。在转入剩余资金时，应借记“非财政补助结转——××项目”科目，同时贷记“事业基金”科目。这样，事业基金得以不断积累，为事业单位的发展和运营提供资金支持。

2. 因对外长期投资形成的事业基金

事业单位通过对外进行长期投资，形成了事业基金。这些投资包括长期股权投资和长期债券投资，通过使用货币资金购买实现。在记账处理方面，所有支付的金额都被视为投资成本，包括购买价款、税金、手续费等税费。这些支出被借记到“长期投资”科目，同时贷记“银行存款”等相应科目。

为了记录这些投资形成的事业基金，根据投资成本金额，将其借记到“事业基金”科目，同时贷记“非流动资产基金——长期投资”科目。如果长期债券投资到期或被转让，对应的记账处理是根据实际收到的金额进行。收到的金额被借记到“银行存款”等科目，同时贷记“长期投资”科目。随着长期投资的收回，投资收益也需要记录。根据实际收回的长期投资成本与实际收到金额之间的差额，将其贷记或借记到“其他收入——投资收益”科目。对应非流动资产基金的处理也要相应进行。根据收回长期投资对应的非流动资产基金，将其借记到“非流动资产基金——长期投资”科目，同时贷记“事业基金”科目。

（二）专用基金的核算

为了核算按规定提取或者设置的具有专门用途的净资产，事业单位应设置“专用基金”科目。本科目应当按照专用基金的类别进行明细核算，期末贷方余额，反映事业单位专用基金余额。

1. 提取修购基金

在财务管理中，针对修购、职工福利以及其他专用基金的提取和使用，需遵循一系列规定，以确保经费使用的合规性和透明性。就修购基金的提取来说，当有维修或购置设备的需求时，应从银行账户借记“事业支出”或“经营支出”，同时贷记“专用基金”（修购基金）。这样一来，就形成了修购基金，确保经费专款专用。

2. 提取职工福利基金

年末提取职工福利基金时，应从“非财政补助结余分配”借记相应金额，并贷记“专用基金”（职工福利基金）。这样的操作有助于保障员工福利待遇，并体现了组织对员工的关怀。

3. 提取、设置其他专用基金

除了修购和职工福利，还有其他专用基金的提取。这时，根据规定，可以从与支出相关的科目或“非财政补助结余分配”借记相应款项，然后贷记“专用基金”。同时，当有新的专用基金设立时，应借记“银行存款”，并贷记“专用基金”，以确保款项妥善保管并专款专用。

4. 使用专用基金

根据规定的用途，从“专用基金”借记相应金额，并贷记“银行存款”。若该经费用于购置固定资产，则还需借记“固定资产”，贷记“非流动资产基金——固定资产”。这样的处理确保了资金的正确流向，不会被滥用或混淆。

（三）非流动资产基金的核算

在事业单位的财务核算中，存在一项重要的科目——“非流动资产基金”，用以记录非流动资产占用的金额。这些非流动资产包括长期投资、固定资产、在建工程、无形资产等。

为了准确核算这些非流动资产的占用金额，事业单位需要设立专门的科目，即“非流动资产基金”科目。该科目会根据不同的资产类型设立相应的明细账，如“长期投资”“固定资产”“在建工程”和“无形资产”等明细账。在财务报表的编制过程中，可以通过查看“非流动资产基金”科目的期末贷方余额，来了解事业单位所占用的非流动资产金额。这个余额能够反映出非流动资产的具体情况，为财务决策提供有力的参考依据。

1. 非流动资产基金的取得

在资金运用方面，机构使用非流动资产基金来获取长期投资、购置固定资产、进行在建工程和购买无形资产等非流动资产，以及支付相关费用。确认这些资产或支出时，应将相应资产科目借记，同时将“非流动资产基金”科目贷记。如果还有未来将发生的相关支出，需要将“事业支出”科目借记，并将其与“财政补助收入”“零余额账户用款额度”和“银行存款”等科目进行贷记。这样的资金运用和确认方式有助于保持财务的准确性和透明度，确保资源的有效配置和管理。

2. 非流动资产基金的冲减

在事业单位进行固定资产折旧和无形资产摊销时，需要对非流动资产基金进行冲减。具体操作是，根据计提的固定资产折旧和无形资产摊销金额，借记“非流动资产基金”科目（分别对应固定资产和无形资产），同时贷记“累计折旧”和“累计摊销”科目。

3. 非流动资产基金的冲销

在处理事业单位的长期投资、固定资产和无形资产时，有几个关键点需要注意；当处置这些资产时，应该冲销相应的非流动资产基金。若用固定资产或无形资产进行对外投资，投资成本应包括评估价值和相关税费。这笔投资应该记录在“长期投资”科目，同时记入“非流动资产基金”科目。相关税费的处理，根据其发生的时间，应该借记“其他支出”科目，同时贷记“银行存款”等相关科目。投资出固定资产或无形资产对应的非流动资产基金时，应记录在“非流动资产基金”科目下，分别对应“固定资产”和“无形资产”。若投资出的资产已进行了折旧或摊销，相应的数额应该记入“累计折旧”或“累计摊销”科目。

当长期投资、固定资产或无形资产以出售或其他方式处置，转入待处置资产时，相应的会计处理为：借记“待处置资产损益”科目，同时借记“累计折旧”（处置固定资产）或“累计摊销”（处置无形资产）科目。在实际处置时，应该借记“非流动资产基金”科目（有关资产明细科目），并贷记“待处置资产损益”科目，以完成资产处置的会计处理。

第三章　事业单位财务报告与分析

第一节　事业单位资产负债表

资产负债表是一份报表，用于反映特定日期内事业单位的财务状况。它提供了五个关键方面的信息：①经济资源及其分布结构，让人了解单位拥有哪些资源以及这些资源如何分布；②负债及结构方面，告诉人们单位承担了哪些债务，并揭示了债务的结构；③净资产情况，反映了单位除去负债后的净值；④财务实力、短期偿债能力和支付能力方面，帮助人们了解单位的财务强度以及是否有足够的能力偿还短期债务和支付义务；⑤资产负债变化情况和财务状况趋势，提供了单位财务状况的发展和趋势信息。

资产负债表根据"资产 = 负债 + 净资产"的会计等式分为左右两部分。左边反映了资产情况，右边反映了负债和净资产情况。这种结构使得资产合计等于负债与净资产的合计，确保了报表的平衡性。资产和负债在报表中按照流动性由强到弱排列。具体而言，流动资产和流动负债位于上部，分别反映了单位在短期内能够变现的资产和需要偿还的短期债务。而非流动资产和非流动负债则位于下部，反映了较长期的资产和债务。

资产负债表的每个项目都设有"年初余额"和"期末余额"两栏。其中，"年初余额"栏根据上年年末的资产负债表填写，以体现本年度的起始状况。若本年度的项目名称和内容与上年度不同，需要对上年年末数据进行调整，然后填入"年初余额"栏内，以确保准确反映单位财务状况的变化。

"期末余额"表示报告期末的状况，因而应根据截至报告月份的各项目的总账科目期末余额填列。一般可以通过以下三种方式取得具体的数据来源：

第一，直接根据总账科目的余额填列。如短期投资、财政应返还额度、应收票据、应收账款等。

第二，根据几个总账科目的余额计算填列。如“货币资金”项目应当根据“库存现金”“银行存款”“零余额账户用款额度”科目的期末余额合计填列。

第三，根据总账科目和明细科目的余额分析计算填列。如“其他流动资产”项目应当根据“长期投资”等科目的期末余额分析填列。

（一）资产类项目的填列

第一，“货币资金”项目，应当根据“库存现金”“银行存款”“零余额账户用款额度”科目的期末余额合计填列。

第二，“存货”项目，应当根据“存货”科目的期末余额填列。

第三，“其他流动资产”项目，应当根据“长期投资”等科目的期末余额分析填列。

第四，“长期投资”项目，应当根据“长期投资”科目期末余额减去其中将于1年内（含1年）到期的长期债券投资余额后的金额填列。

第五，“固定资产”项目，反映事业单位期末各项固定资产的账面价值，应当根据“固定资产”科目期末余额减去“累计折旧”科目期末余额后的金额填列。“固定资产原价”项目，应当根据“固定资产”科目的期末余额填列。“累计折旧”项目，应当根据“累计折旧”科目的期末余额填列。

第六，“无形资产”项目，应当根据“无形资产”科目期末余额减去“累计摊销”科目期末余额后的金额填列。“无形资产原价”项目，应当根据“无形资产”科目的期末余额填列。“累计摊销”项目，应当根据“累计摊销”科目的期末余额填列。

第七，“待处置资产损益”项目，应当根据“待处置资产损益”科目的期末借方余额填列；如“待处置资产损益”科目期末为贷方余额，则以“-”号填列。

（二）负债类项目的填列

第一，“应缴税费”项目，应当根据“应缴税费”科目的期末贷方余额填列；如“应缴税费”科目期末为借方余额，则以“-”号填列。

第二，“长期借款”项目，应当根据“长期借款”科目的期末余额减去其中将于1年内（含1年）到期的长期借款余额后的金额填列。

第三，“长期应付款”项目，应当根据“长期应付款”科目的期末余额减去其中将于 1 年内（含 1 年）到期的长期应付款余额后的金额填列。

（三）净资产类项目的填列

第一，“非财政补助结余”项目，应当根据“事业结余”“经营结余”科目的期末余额合计填列。如“事业结余”“经营结余”科目的期末余额合计为亏损数，则以“–”号填列。在编制年度资产负债表时，本项目金额一般应为“0”；若不为“0”，本项目金额应为“经营结余”科目的期末借方余额（以“–”号填列）。

第二，“事业结余”项目，应当根据“事业结余”科目的期末余额填列；如“事业结余”科目的期末余额为亏损数，则以“–”号填列。在编制年度资产负债表时，本项目金额应为“0”。

第三，“经营结余”项目，应当根据“经营结余”科目的期末余额填列；如“经营结余”科目的期末余额为亏损数，则以“–”号填列。在编制年度资产负债表时，本项目金额一般应为“0”；若不为“0”，本项目金额应为“经营结余”科目的期末借方余额（以“–”号填列）。

第二节　事业单位收入支出表

收入支出表是指反映事业单位在某一会计期间的事业成果及其分配情况的报表，具体是反映事业单位在某一会计期间内各项收入、支出和结转结余情况，以及年末非财政补助结余的分配情况。通过收入支出表，可以分析判断事业单位的经营成果，评价事业单位的工作业绩，预测其未来发展趋势。

事业单位的收入支出表与行政单位相比，差别较大，主要表现在以下两个方面。

一、内容方面

事业单位的收入支出表仅仅涵盖当年收入和支出，以及当年收支差额和结转结余分配情况，而行政单位的收入支出表不仅涵盖当年收支，还包括年初的结转结余以及截至年末的累计结转结余情况。

二、格式方面

事业单位按资金性质将收入支出表分为财政补助收支和结转结余、事业收支（非财政补助支出）和结转结余、经营收支和结转结余等几个板块，而行政单位则是按收、支、余的顺序，将收入支出表分为收入、支出、收支差额等几个板块。从收入支出表格式来看，事业单位按资金性质划分模块还是比较适合事业单位资金来源复杂的特点的，但从内容来看，如果能够借鉴行政单位的做法将报表反映的内容往前涵盖上年结转本年，往后涵盖本年结转下年，就会更加全面合理一些。

收入支出表“本月数”栏反映各项目的本月实际发生数。在编制年度收入支出表时，应当将本栏改为“上年数”栏，反映上年度各项目的实际发生数；如果本年度收入支出表规定的各个项目的名称和内容同上年度不一致，则应对上年度收入支出表各项目的名称和数字按照本年度的规定进行调整，填入本年度收入支出表的“上年数”栏。

“本年累计数”栏反映各项目自年初起至报告期末止的累计实际发生数。编制年度收入支出表时，应当将本栏改为“本年数”。

收入支出表中的绝大多数项目都可以直接从收入、支出和结转结余的相关科目中直接取数，下面仅就部分需要进行科目分析计算的项目进行说明。

第一，“事业支出（财政补助支出）”项目，显示了事业单位使用财政补助资金所发生的各项支出。具体支出可以根据相关科目的实际发生额进行详细填列。这一点能够让人清晰地了解到财政补助是如何被运用到具体事业项目上的，同时能反映出单位在财政补助方面的依赖程度。

第二，“事业支出（非财政补助支出）”项目，反映了事业单位使用非财政补助资金所发生的支出情况。同样，具体的支出项目可以根据相关科目的实际发生额进行填列。这个关键点的重要性在于它展示了单位除了财政补助外，其他资金来源的运用情况。

第三，“弥补以前年度亏损后的经营结余”项目，显示了本年度经营结余经过扣除之前年度未弥补亏损后的余额。这个数字对于单位的财务健康状况至关重要。如果这个数额是正数，说明单位经营状况较好；如果是负数，可能意味着经营亏损持续了一段时间，需要进一步关注和调整。

第四，“本年非财政补助结转结余”项目，反映了除财政补助结余外的本年度结转结余金额。填列该项目需要计算“本期事业结转结余”和“弥补以前年度亏损后的经营结余”两项的合计数。这个数值体现了除财政补助外的所有资金在本年度的结余情况。

第五，“非财政补助结转”项目，显示了本年度各专项资金收入减去支出后的余额。这个关键点非常重要，因为它直接反映了除财政补助外，其他专项资金的净收入情况。这可以让管理者清楚地了解到这些专项资金的运用效果。

第六，“应缴企业所得税”项目，反映了按税法规定应缴纳的企业所得税金额。该数值可以根据“非财政补助结余分配”科目的发生额进行分析和填列。这个数据对于单位的税务合规和财务成本的评估至关重要。

第七，“提取专用基金”项目，显示了按规定提取的专用基金金额。这可以让人了解到单位在本年度内为特定目的而提取的资金数额。这些专用基金的使用范围和效果可能需要额外的信息来评估。

第八，“转入事业基金”项目，反映了按规定转入事业基金的非财政补助结余资金。填列这个项目需要将“本年非财政补助结余”减去“应缴企业所得税”和“提取专用基金”项目金额后的余额。这个数值展示了经过税金和专用基金提取后，实际转入事业基金的资金数额。

第三节　事业单位会计报表的审批、汇总与财务分析

一、事业单位会计报表的审批

事业单位会计报表编制后，为了保证会计报表的质量，各事业单位还应对会计报表进行认真的审核。会计报表审核包括政策性审核和技术性审核两项内容。政策性审核的重点是审查各项经济业务活动是否符合国家有关的法律、法规和财务制度的规定，如审核编制方法是否符合国家统一的财务会计制度，是否符合事业单位会计决算报告的编制要求，是否有虚报和瞒报等弄虚作假的现象等。技术性审核是利用会计技术手段审查会计核算的正确性，如审核编制范围是否全面，是否有漏报、重复编报的现象；审核编制内容是

否真实、完整、准确，审核单位账簿与报表是否相符，金额单位是否正确；审核报表中的相关数据是否衔接一致，包括表间数据之间、分户数据与汇总数据之间、报表数据与计算机录入数据之间是否衔接一致；将报表与上年度数据资料进行核对，审核数据变动是否合理等。

二、事业单位会计报表的汇总

事业单位的会计报表经过审核后，主管会计单位应根据本级报表和审核后的所属单位报表，编制汇总报表。事业单位会计报表逐级汇总，由主管部门上报财政部门。汇总报表种类、内容、格式与各事业单位会计编制的报表相同。

主管会计单位编制的汇总报表主要包括汇总资产负债表、汇总收入支出表和汇总财政补助收入支出表。编制的一般方法是：主管会计单位应先编制本单位的资产负债表、收入支出表和财政补助收入支出表，然后与经审核无误的所属单位的资产负债表、收入支出表和财政补助收入支出表汇总编制成本部门的汇总资产负债表、汇总收入支出表和汇总财政补助收入支出表。在汇总编制过程中，为了避免上下级重复列报的情况，应将上下级单位之间对应科目的数字予以冲销。

三、事业单位财务分析

财务分析是以财务报表及其他相关资料为依据，采用一系列专门的分析技术和方法，对事业单位的预算执行情况、资产使用情况和收入支出情况进行剖析与评价的过程。编制财务决算报表后，事业单位应当对财务活动进行分析，揭示财务管理中存在的问题，分析问题产生的原因，总结经验与教训，撰写财务分析报告。事业单位的财务分析报告是财政部门、上级主管部门、事业单位管理者及其他报告使用者了解事业发展情况的重要依据，是编制下年度部门预算和财务计划的基础，对于加强事业单位的预算管理、财务管理具有重要的意义。

（一）财务分析的内容

事业单位财务分析的内容，主要包括预算编制与执行、资产使用、收入支出状况等。

第一，预算编制与执行情况分析，是将事业单位实际完成的预算指标与财政部门下达的预算指标进行比较，分析事业单位实际收支与预算安排之间的差异及其差异产生的原因，考核事业单位预算编制的质量和预算实际执行的情况。

第二，资产使用情况分析，是将事业单位的资产数额与其产生的事业成果进行比较，分析事业单位固定资产、无形资产、存货等资产是否得到充分有效的运用，是否有不需用的、未使用的资产；在用资产利用程度如何，是否有闲置浪费的现象；在用资产维护保养工作，是否有乱用、滥用、丢失、毁损和非正常报废现象；固定资产、无形资产、存货等资产的增加、减少是否合理，手续是否完备。通过资产使用情况的分析，考核事业单位资产的利用效率和利益效果。

第三，收入支出状况情况分析，对事业单位的收入、支出的变动及构成情况进行分析，分析各项收入的来源渠道是否符合相关法律、法规等规定，各项收入的规模、结构是否合理；各项支出尤其是财政补助资金是否按规定用途使用，是否符合费用开支标准，是否符合费用开支定额，有无超标准开支等。对各项收支进行全面的分析，考核事业单位收入、支出的合理性。

（二）财务分析的指标

1. 预算收入和支出完成率

预算收入和支出完成率是衡量事业单位收入和支出总预算及分项预算完成程度的财务指标，包括预算收入完成率和预算支出完成率。

预算收入完成率 = 年终执行数 ÷（年初预算数 ± 年中预算调整数）× 100%（3-1）

式中，年终执行数是年度实际取得的预算收入的数额，不含上年结转和结余收入的数额；年初预算数是财政部门年初下达的预算收入的数额；年中预算调整数是预算执行过程中报经财政部门批准的预算收入调增或调减的数额。

预算支出完成率 = 年终执行数 ÷（年初预算数 ± 年中预算调整数）× 100%（3-2）

式中，年终执行数是年度实际发生的预算支出的数额，不含上年结转和结余支出的数额；年初预算数是财政部门年初批准预算支出的控制数额；年中预算调整数是预算执行过程中报经财政部门批准的预算支出调增或调减的数额。

2. 人员支出、公用支出分别占事业支出的比率

人员支出、公用支出占事业支出的比率是衡量事业单位事业支出结构的财务指标，包括人员支出比率和公用支出比率。

人员支出比率＝人员支出 ÷ 事业支出 ×100%　　（3–3）

式中，人员支出是事业支出中人员经费支出的数额，根据部门决算报表中“事业支出”中“人员经费支出”的数额确定；事业支出是事业单位年度事业支出的总额，根据部门决算报表中“事业支出”的数额确定。

公用支出比率＝公用支出 ÷ 事业支出 ×100%　　（3–4）

式中，公用支出是事业支出中日常公用经费支出的数额，根据部门决算报表中“事业支出”中“日常公用经费支出”的数额确定。

3. 人均基本支出

人均基本支出是衡量事业单位按照实际在编人数平均的基本支出水平的财务指标。

人均基本支出＝（基本支出－离退休人员支出）÷ 实际在编人数（3–5）

式中，基本支出是事业支出中用于完成日常工作任务而发生的支出，根据部门决算报表“事业支出”中“基本支出”的数额确定；离退休人员支出是发放给离退休人员的离休费、退休费及其他方面支出；实际在编人数是事业单位在编人数的平均数。

4. 资产负债率

资产负债率是衡量事业单位利用债权人提供的资金开展业务活动的能力，以及反映债权人提供资金的安全保障程度的财务指标。

资产负债率＝负债总额 ÷ 资产总额 ×100%　　（3–6）

式中，资产总额是事业单位年末资产的总额，负债总额是事业单位年末负债的总额。主管部门和事业单位可以根据本单位的业务特点增加财务分析指标。

第二部分

事业单位会计智慧化管理实践

第四章　智慧财务管理及其创新

第一节　智慧财务管理的基本特征

一、深化业财融合

智慧财务管理将模糊财务与其他业务职能的界限，使组织之间的运营模式更加敏捷。通过财务管理模式的转变，促进了财务部与业务部的合作，使财务部能够施展业务伙伴的作用，参与到业务决策中，促进了业务过程与财务管理的深入融合。智慧财务将不再局限于流程的末端，而是通过与业务过程的深度整合，深入到业务过程的前端，将财务管理的重心向前推进。它可以直接为业务前端提供及时有效的支持，缩短信息差距和时间差距，对业务活动过程进行整体控制，全面预防和控制企业风险，提高企业内部控制效率。理顺业务与财务的融合，即业务流程与财务流程的“两条线融合”，这是智慧财务管理的重要特征，从战术上优化了企业的业务流程，降低了管理成本，也为企业内部各种业务活动形成强有力的数据支持，从战略上提高了企业的核心竞争力。

二、关注精准预测

在实现业财深度融合的背景下，优化的业务流程和有力的数据支撑让智慧财务更加关注资源配置的精准预测。基于大数据、人工智能、云计算等工具和技术的应用，智慧财务能够更好地进行数据收集、数据管理和数据应用，并动态预测企业的投入和产出。智慧财务也能实现企业资金的动态配置与管理，实现资源的配置在核心领域与新领域的平衡，达成收益与风险的平衡，促成企业整体效益的最大化。通过建立财务预测模型，并不断提升模型的精确性，智慧财务的精准预测可以帮助管理层从更高远的战略角度展望企业将来的成长方向。

三、强调前瞻分析

智慧财务管理模式可以清晰地反映出现代企业价值的变化，这是传统财务管理理念无法达到的。在智慧财务管理模式下，更强调财务分析与见解的预测性、规范性和准确性。传统会计在做财务工作时，总是重新统计和评估已发生的财务数据，以达到再利用的目的。因此，传统财务管理模式的财务分析是对过去发生的业绩水平进行简单的事后价值响应、计量和分析；而智慧财务管理模式能让财务部门为企业提供事前评估、综合比较等服务，提高财务工作的有效性。此外，智慧财务可以提供基于价值管理和利润管理的前瞻性分析，从而指导企业决策，提高解决问题的速度和准确性，帮助提升企业价值。在一定的情况下，智慧财务也应该摆脱过去业绩的束缚，大胆展望未来，勇于创新，为新业务和模式提供前瞻性、可量化的分析框架。因此，强调前瞻性分析是智慧财务管理模式不同于传统财务管理理念的一个显著的“智慧”特征。

四、注重边际价值

边际理论在经济与管理学上描述的是一种事物不断增长的变化趋势，即增量化，比如边际成本等。为了最大化提高企业的边际价值，一般企业关注了资金筹集，但忽略了资金成本管理的内容。传统的财务管理模式在考虑成本的前提下，基本侧重于总量管理，在一定程度上忽视了对价值本身和增值的控制和管理，增加了企业经营和决策的风险，这无益于企业的持续健康发展。在经济全球化模式发展下，企业传统的粗放式经营方式已经难以满足企业发展的需要，必须加强精细化管理。而且，企业需要优化资本结构，减少资本边际成本，提高资本边际回报，提升资本边际价值，关注和追求自身价值的健康成长。智慧财务管理模式通过建立完善的信息平台，结合现代先进的信息技术，在业财融合下对财务数据进行及时准确的记录和分析，实现了企业自身价值的精细化管理和价值增值的全面分析，从而更好地寻求增量的优化，为企业决策提供有价值的服务。由此可见，注重边际价值是智慧财务管理中“管理出效益”的经济价值特征。

第二节　智慧财务管理中系统的主要作用

一、预算管理

在企业内部，财务资源的有效配置是一个至关重要的环节，资金管理被认为是企业内部财务资源配置的核心，而预算管理则是实现这一目标的应用手段。信息化系统在此过程中充当着重要的工具，它的应用能够增强财务资源配置的效率和准确性。预算管理作为财务管理体系的重要组成部分，扮演着反映和监督内部财务资源配置的角色。通过建立全面预算管理的管理模式，企业构建了一个闭环体系，涵盖了“战略—计划—预算—考核—奖惩”等重要环节。全面预算管理的一个关键优势在于其能够将企业运营目标量化，明确具体工作目标，并通过合理的资源分配和统筹规划实现这些目标的达成。

在智慧财务系统方面，它将财务职能和规则嵌入信息系统，实现对业务运营全流程的监督和控制。这种并行于全面预算管理体系的信息系统降低了预算管理的数据信息颗粒度，使得预算管理更为精益化。智慧财务系统还能实现业务运营全流程的预算编制、监督、考核和奖惩，从而确保预算的执行和准确反馈，进一步提高了预算管理的效率和准确性。此外，智慧财务系统的优势在于其灵活性。根据业务运营的实际情况，它能够对预算进行科学合理的修改，从而不断优化资源配置，提升预算管理水平和效率。

二、资金管理

在新型支付平台（如支付宝、微信）兴起的浪潮下，企业的资金管理面临着全新的挑战，尤其是跨平台支付的不断增加使得问题更加复杂。传统的手工核对方式已然无法满足企业日益庞大的资金管理需求。为了应对这一现状，智慧财务系统应运而生，企业开始着手构建信息化资金管理平台，将外部数据纳入其中，以实现跨平台资金往来的高效管理，从而提升资金配置的效率与精确度。

智慧财务系统采取与银行直连的方式，将结算流程无缝嵌入信息化平台，并实施严格的权限管理。这一举措确保了所有票据必须经过签批程序后才能进行付款，从而有效地保障了资金支付的安全性。随着智慧财务系统的推广，企业能够更加便捷地与各支付平台进行对接，快速而精确地完成跨平台资金调度。同时，自动化的结算流程也极大地降低了人为错误的风险，提升了财务管理的整体效率。

三、成本管理

在当今商业环境中，企业成本管理正经历一场由传统模式向战略模式的转变。这个转变强调全面的价值管理和边际价值优化。企业领导意识到，单纯地追求成本削减已不再足够，必须将成本管理纳入整体战略规划中。智慧财务系统在这一进程中发挥着重要的作用。它不仅仅关注财务流程，而是全局把控企业资源。内部控制不仅仅是为了保证财务的准确性和合规性，更重要的是在整个组织中实现有效的资源配置和利用。智慧财务系统不断发展，加入财务规则监督和控制企业成本的功能。通过对各项规则的监控，它可以有效防止计划外风险的发生，使企业在竞争激烈的市场中保持稳健的运营。通过全流程的财务控制与监督，智慧财务系统可以高效地识别和分析企业运营目标的财务数据，并精准地匹配价值流动。这种精准性使得企业能够更好地应对市场的变化和需求的波动。

智慧财务系统还通过将成本管理转变为总量管理，进一步提高了企业的边际回报。这种总量管理的方法让企业能够更好地理解资源的整体运作和成本的组成，从而更有效地进行决策和规划。而且，智慧财务系统不仅仅是一种僵化的控制方式。能够反映单位价值的变化，并智能化地进行分析。这使得管理者和决策者能够根据实际情况进行相应的调整和优化，使企业的成本管理更加灵活。

四、决策支撑

在财务管理的实践中，决策支撑是最重要的终极目标。企业需要准确、及时地提供数据来反映其财务管理水平。然而，传统的财务管理模式受限于手工记账与填报，这不仅影响了数据的时效性和准确性，还增加了操作风险，降低了财务数据的价值。为了解决这些问题，智慧财务系统应运而生。这种先进的系统利用了大数据、物联网和云计算等先进信息技术，从业务前端获取实时数据，并通过智能化的转换，保证了财务数据的实时、准确和精准。

智慧财务系统的一个重要特点是其系统穿透作用。通过这种特性，财务报表数据可以与原始单据的电子影像档案连接起来，从而增加了财务数据的准确性和支撑作用。这样一来，决策者和管理层可以更加信任财务数据，因为这些数据可以被追溯到其来源，确保了数据的可靠性。

五、资产管理

在企业财务管理的框架中，资产管理是一个至关重要的方面。流动资产管理涉及资金、应收账款和存货等方面。资金是企业运转的生命线，因此高效的资金管理至关重要。企业需要确保适当的资金储备，以满足日常业务需求，并应对紧急情况。同时，应收账款的妥善管理能够加速资金回笼，保持企业的流动性。存货的有效管理也是必要的，以避免过度库存或缺货等问题。非流动资产管理包括固定资产和无形资产。固定资产是企业中长期投资的基础，涉及资金规划和项目评估。合理的固定资产管理有助于提高生产效率和企业竞争力。无形资产如品牌价值、专利权等同样重要，需要妥善保护和管理。

资产管理在企业财务管理中扮演着基础性的角色。无论企业规模大小，资产管理都是确保财务稳健的前提。然而，随着企业规模的扩大，资产管理的质量成为关注的焦点和挑战。企业必须防止盲目扩张，因为这可能导致资产质量的下降，进而威胁企业的健康发展。

为了提高资产管理效率和降低风险，许多企业建立了资产管理信息系统。这些系统能够帮助企业更好地跟踪和管理资产，提供及时的数据支持和决策依据。其中，智慧财务系统的信息系统可以与企业资产管理信息系统进行数据交互，确保资产信息的准确性和一致性，并与会计核算模块对接，从而保证账目的准确和与实际情况的一致。

六、总账管理

收集记录财务数据是依靠财务人员手工完成的，这导致数据采集过程相对较慢，容易产生错误和延误。将原始数据转换为财务数据依赖财务人员的知识和经验，这可能引发财务化偏差，影响财务数据的准确性和可靠性。传统财务管理模式下业务流程与财务管理分离，导致信息转化不及时，影响了财务监督的效果，财务决策难以及时作出。

智慧财务系统作为一种新的管理模式，针对传统模式的问题提出了解决方案。智慧财务系统实现了业务全流程数据采集和记录，确保了数据及时准确传输进财务信息系统，消除了手工操作带来的延误和错误。该系统具备自动化处理财务数据的能力，能够自动生成会计凭证，不再依赖财务人员的知识和经验，避免了财务化偏差的产生。智慧财务系统采用统一电子档案管理，使得业务原始单据可穿透查询，实现全流程财务监督，财务信息的披露和审查更加高效和透明。

传统财务管理模式下的外部审计问题也得到了智慧财务系统的改进。传统方式下，外部审计需要手工抽样审计，这增加了财务人员的工作量，并可能导致审计结果的不准确性。而智慧财务系统利用大数据、云计算和物联网技术，能够提炼数据并备份可查，使得外部审计更加高效且准确。

第三节　智慧财务管理发展的创新路径

随着科技水平和大数据技术的不断提高和发展，各领域都在紧跟现代化步伐，迎接新的突破。企业财务管理也在这股浪潮中发生了根本性转变，将财务信息和业务信息整合为一体，展现出前所未有的活力和效率。在大数据背景下，企业通过计算机和互联网等方式收集大量数据，并将其储存于庞大的数据库中。利用强大的大数据技术，企业进行数据分析和筛选，从海量信息中提取出对财务管理有益的见解和洞察。这种智慧财务管理模式规避了传统的人工处理财务数据的弊端，为企业带来了翻天覆地的改变。如今，企业财务管理的目标更加明确，旨在更有效地掌握财务状况、洞察市场趋势以及制定战略规划。利用大数据分析，企业能够快速了解资金流动情况，控制成本，优化资源配置，从而提高财务管理的准确性和精度。

一、更新智慧财务管理理念

智慧财务管理与传统财务管理最显著的不同在于现代化信息技术的应用。智慧财务管理依托互联网经济思维和先进信息系统，通过目标、控制和标准三个层次来实现其目标。

（一）智慧财务管理的核心目标是始终以实现财务管理目标为最终目的

它建立智慧财务管理系统，确保目标成为各项活动结束的基础。这一理念强调在整个财务管理过程中保持目标导向，确保财务决策和行动紧密围绕着实现企业战略和利益最大化展开。

（二）智慧财务管理在控制方面与传统模式有着明显差异

智慧财务管理采用全流程综合控制，相较于传统的简单控制机制更加高效。内部控制、预算管理和风险管理等基本要素被整合为一个有机的整体。此外，智慧财务管理还融入了业务实现的全面控制，包括事前、事中和事后的控制，从而更好地把握各个环节，及时发现和解决潜在问题。

（三）智慧财务管理在标准制定方面十分重要

为确保系统遵守规则，并确保数据的准确记录、分析和统计，智慧财务管理需要制定相关的制度标准。通过信息化处理规则的制定，传统财务管理标准得到转变，从而使企业能够更好地实现其管理目标。

二、优化智慧财务管理模式

（一）应用大数据技术进行数据分析

在传统的财务管理模式中，通常采用传统的数据收集方法，仅限于搜集部分业务相关数据和少量信用数据。然而，这种数据收集模式存在一个明显的问题，即数据的数量相对有限，因而忽略了一些潜在的、实际具有价值的数据信息。这种数据数量的不足导致财务分析缺乏数据支持，与市场经济和客户需求之间产生了矛盾。随着商业环境的快速变化，传统财务模式的局限性逐渐显现出来，对企业的决策带来了挑战。应用大数据技术可以很好地解决这一矛盾。大数据技术能够收集到更为广泛和大量的数据，这些数据通过先进的分析软件进行处理，能够为财务管理模式的优化提供支持。

借助大数据技术，企业可以从更广阔的视角看待财务数据，发现隐藏其中的规律和趋势，为企业决策提供更全面的参考依据。大数据技术的运用也能充分体现财务数据的实用价值，将财务数据转化为有价值的洞察，使其在战略规划和预测未来方面发挥更大的作用。

（二）加强价值管理

传统财务管理的工作模式由于比较看重于价值的贡献，忽视了增量价值的管理。这一工作模式在无形当中就使企业面临了更多的风险，包括运营过程和决策过程中的风险，妨碍了企业的可持续发展。由于财务管理相关技术和观念的改变，财务管理工作逐渐转向精细化的管理，所以企业需要优化相关的资本结构，保证价值的稳定增长。加强价值管理可以利用大数据相关软件和先进技术，通过完善的信息化平台，实现对企业财务管理数据的分析与记录，从而达到对企业价值管理的精细化和全方位的管理。

三、健全智慧财务管理共享体系

在现代企业中，财务管理扮演着至关重要的角色，需要多方位的协调，以实现合作共赢的目标。财务部门密切联系于其他各部门，频繁地进行沟通与协作，因为整体经济效益的实现需要各部门共同努力。为了更好地实现财务管理目标，必须完善数据管理体系，建立健全的数据共享系统。这个系统包括预算管理、成本管理、总账管理、决策支撑、资金管理和资产管理。只有这样，财务管理部门才能及时获取准确的信息，做出明智的决策，为企业的发展提供有力支持。

随着大数据时代的到来，财务管理流程和职能发生了转变。智能技术的应用让财务管理变得更加高效精准，同时对财务管理人员提出了新的要求。财务管理人员需要紧跟时代的发展，不断学习更新管理理念，以适应新的挑战和机遇。为了适应这一新时代的要求，构建智慧财务管理整体框架势在必行。这意味着要优化智慧财务管理模式，强化价值管理，打破信息孤岛。

第五章　医院财务会计智慧化管理实践研究

第一节　医院会计及核算管理

一、医院

医院是人类与疾病斗争过程中所形成的防病治病、保障人民健康的组织机构。它拥有门诊和住院医疗服务设施，集中了相对优越的医疗技术，反映了社会的发展，也体现了各个时期的医学技术水平。作为人类认识和征服疾病的重要场所，医院义不容辞地承担着救死扶伤的社会责任。

人们对医院的普遍认知大概有两种：例如，医院是医师或牙科医师为公众和特定人群进行医疗服务的场所，应以患者能享受科学、恰当、方便的诊疗为组织和运营的主要目的。再如，医院是治病防病、保障人民健康、设有病房和门诊的医疗预防机构。医院的卫生专业技术人员集中，拥有的医疗器械比较齐全，能以精湛的技术为患者诊治疾病，担负预防保健工作，并结合医疗预防开展医学科学研究和卫生专业人员的培训工作。

简言之，医院是运用医学科学理论与技术，通过医护人员及非医护人员的集体协作，达到对患者或特定人群提供疾病诊疗和照顾的组织机构。

（一）医院的构成条件

医院的构成条件如下：

第一，应有正式病房和一定数量的病床及医疗设备和设施，医院建筑符合卫生学要求，满足患者的医疗保健需要。有能力为住院患者提供安全、有效、连续、合理的医疗和护理服务。

第二，应有与医院功能定位相一致的组织结构，如临床科室、医技科室和行政后勤部门等；各部门有相应的系统的人员配备，包括卫生技术人员、行政和后勤人员，各类人员分工协作，共同构建整体组织功能。

第三，应有相应的工作制度与规章制度，包括组织制度、人事制度、医疗质量管理制度等。

（二）医院的本质属性

1. 公益性

医学的根本目的是为人类的健康服务。医院作为一个保障人民健康的实体机构，无论是营利性医院还是非营利性医院，都以救死扶伤为天职，应具有实行人道主义的职业道德，也即公益性是医院的基本社会属性。由于不同国家的社会经济状况不同，医院的公益性程度可能存在一定的差异。我国医院是对人群提供防病治病、保障人民健康的卫生事业单位，政府对医院实行一定的补贴或税收减免政策，以保障人人享有卫生保健服务。

2. 服务性

现代社会中，医院、医务人员与患者的关系，是服务与被服务的关系。以患者为中心是现代医院的一个重要理念，医院不仅要重视患者的生理需要，还要重视患者的心理和社会需要。医院应把以疾病为中心的医疗观念转变为关注患者整体的医疗观念，改善医院的就医环境、就诊流程，通过全体医院员工良好的医德医风、精湛的医疗技术、热情的服务态度、优美舒适的就医环境，更好地服务于患者及其家属。

3. 经营性

医院是一个经济实体，它的医疗活动需要人力、物力、财力、时间和信息的投入，并受到商品经济价值规律的制约，因此医院除了要遵循医疗服务的内在规律外，还要遵循商品经济的价值规律。目前中国已经从计划经济体制转向市场经济体制，医院更强调加强内部的运行管理，提高效率、改善质量、降低成本。营利性医院应该根据医疗市场的需求自主确定医疗服务项目，完全靠自身的经营来生存和发展；非营利性医院虽然享受政府给予的财政补助和（或）税收的减免政策，但还是应该靠自身的经营来解决其在医疗市场竞争中生存和发展的需要，因此也必须注重经营管理。

4. 生产性

医院是具有生产属性的单位，其主要产品是医疗服务。

（1）医院通过医疗、预防、保健及康复服务，使患者恢复健康，增强体质，保障社会劳动力的健康。

（2）医院是研究、开发和利用先进医学科学技术防治疾病的主要场所，医学科研活动的发展提高了医学科学技术水平，医学科学技术本身属于生产力的范畴，医务劳动以医学科学技术为手段来防治疾病，并不断发展、丰富和提高科学技术这一生产力。

（三）医院的工作特征

医院的工作特征主要表现在以下方面：

1. 以患者为中心

医院的服务对象是患者和一定社会人群，医院的所有部门、所有工作人员和所有工作都必须树立以患者为中心的服务理念，以人为本，体现人文关怀，尊重患者的知情权、隐私权和选择权等，还要发扬救死扶伤的人道主义精神。

2. 整体性和协作性

医院是一个专业技术强、科技含量高、部门繁多、流程交错复杂的大系统，有医疗、护理、行政、后勤、信息、医学工程等部门。医院的医疗活动涉及临床、医技等多科室，科室内又分为多种学科专业、亚专业等，这些构成了一个有机运行的整体，并通过分工协作、相互配合，为患者提供优质、安全、高效、方便的服务。

3. 风险性

医院工作关系到人的生命安全与健康，由于疾病种类繁多，病情千变万化，个体差异大，疾病过程不尽相同，医学对许多疾病的认识有限，所以医疗活动中存在诸多不确定因素，具有一定的风险性。这就要求医务人员要严肃认真地执行技术操作规程，严格执行各项规范。

4. 时间性和连续性

时间就是生命，医院在医疗活动特别是急危重症患者在抢救过程中要分秒必争，同时要能够为患者提供连续的、不间断的医疗服务和照护，包括病情观察、各项临床检查、诊断、治疗和抢救等。医院的各方面工作安排都应适应医疗工作的时间性和连续性要求。

5. 社会性和群众性

医院提供的医疗服务涉及患者及其家庭、单位和社会，医院工作绩效重要的衡量标准之一是社会和群众是否满意。医院工作既受社会各种条件与环境的制约，也离不开社会各方面的理解和支持。

（四）医院的类别划分

1. 依据功能划分

医院根据功能，可以划分为一级医院、二级医院、三级医院。

（1）一级医院。一级医院是直接为社区居民提供医疗、预防、保健、康复、健康教育、计划生育指导六位一体的医疗预防保健服务的机构。

（2）二级医院。二级医院是为一个地区（跨几个社区）的居民提供医疗预防保健服务和承担一定教学、科研任务的医院，包括各地一般市、县级医院以及省、直辖市的区级医院。

（3）三级医院。三级医院是向多个地区提供高水平专科性医疗卫生服务和承担医学教学与科研任务的医院，主要指中央、省、自治区、直辖市直属的城市大医院及医学院校的附属医院。三级医院是我国医疗、教学和科研的中心。

2. 依据收治范围划分

医院根据收治范围，可以划分为综合性医院、专科医院和长期疾病医院。

（1）综合性医院。综合性医院主要从事多专科的疾病诊治。大型综合性医院主要从事急危重症、疑难病症的诊疗，并结合临床开展教育、科研工作。

（2）专科医院。专科医院是为特定专科疾病提供诊疗的医疗机构，一般只针对患特定疾病的患者，主要提供疾病诊治，并结合临床开展教育、科研工作。

（3）长期疾病医院。长期疾病医院主要针对一些慢性病提供治疗、护理服务，如老年护理医院、康复医院、临终关怀医院等。

3. 依据经营目的划分

医院根据经营目的，可以划分为营利性医院和非营利性医院。国家根据医疗机构的性质、社会功能及其承担的义务，制定不同的财税、价格政策；

政府举办的非营利性医疗机构由同级财政给予合理补助，医疗服务价格执行政府指导价；营利性医疗机构医疗服务价格放开，依法自主经营，照章纳税。

（1）营利性医院。营利性医院是指以利润最大化为经营目的的医院，医疗价格放开，依法自主经营，照章纳税。

（2）非营利性医院。非营利性医院是指为社会公众利益服务而设立和运营的医院，它不以营利为目的。医疗服务价格执行政府指导价，享受相应的税收优惠政策。非营利性医院主要提供基本医疗服务。

4. 依据产权属性划分

医院根据产权属性，可以划分为公立医院、集体所有制医院、私立医院、股份制医院等。

（1）公立医院。公立医院是由国家投资兴办、所有权归全体人民的医院，是培养卫生专业人员的教学和医学科研基地。

（2）集体所有制医院。集体所有制医院是由部分劳动群众共同占有生产资料的一种公有制形式，由集体经济兴办或在对个体医院进行社会主义改造的基础上发展起来的。现阶段，我国集体所有制医院主要包括部分城镇街道医院、集体所有制工商企业的卫生院和部分乡村卫生院等。

（3）私立医院。私立医院是由个人出资兴办的医院，医院的所有权归出资者。目前我国私立医院规模一般较小，多为专科医院，它弥补了医院的医疗服务提供不足。我国部分私立医院为营利性医院。

（4）股份制医院。股份制医院实行股份制，个人或机构可通过投资入股成为医院的所有者。股份制医院在我国是改革中涌现出来的一种新型的医疗机构。有的股份制医院因有医院职工持股，使医院职工既是医院的劳动者，又是医院的所有者，职工的利益与医院的经营状况紧密联系在一起，增强了医院职工的主人翁意识，有效地调动了职工的积极性、主动性和创造性。

二、医院会计核算的原则

“近年来，随着人民日益增长的医疗需求，我国积极开展了公共卫生医疗体制改革。在这一背景下，我国医疗行业的医疗技术、医疗设备、医疗服务质量得以提升，医院的经营规模及业务范畴不断扩大。这就给医院会计成本核算工作带来了一定难度”。[①] 因此，医院会计核算应遵循以下原则。

（一）配比原则

配比是权责发生制的基本要求，配比体现的是投入与产出的对比，是医院履行职能的绩效水平。例如，医院自患者取得医疗收入与为患者花费的各种支出和为之服务的医疗设备折旧具有因果关系，两者要进行配比才能更好地反映医院经营活动绩效；医院管理人员的工资、办公费用等，虽然和来自患者的收入没有直接因果关系，但是在一定时期内也要和该时期的收入进行配比。

（二）相关性原则

相关性要求医院提供的会计信息与政府部门和投资者（私立医院）等财务报告使用者的经济决策需要相关，有助于政府部门等财务报告使用者对医院过去、现在或者未来的情况作出评价或者预测。医院会计信息应当符合国家宏观经济管理的要求，适应预算管理和有关方面了解医院财务状况及收支情况的需要，并有利于医院加强内部经营管理。会计信息是否有用，取决于是否有助于财务报告使用者进行决策或者提高决策水平。

（三）可比性原则

可比性包括同一医院内部不同时期的纵向可比，有时也称为一致性，也就是说医院会计处理方法应前后各期一致，不得随意变更，如确有必要变更，应将变更情况、原因和对医院财务收支情况及结果的影响在会计报告中说明。可比性也包括同一时期不同医院之间的横向可比，要求医院进行会计核算应当按照规定的会计处理方法进行，医院之间会计指标应当口径一致。

（四）重要性原则

医院财务报告应当全面反映其财务收支情况及结果。对于重要的业务事项，应当单独反映。重要性原则是会计作为管理活动环节的体现，因为医院会计是对医院经营活动以价值形式进行模拟和再现，医院进行会计核算也是要花费成本的，医院会计信息不可能完全复制医院的经营过程，如果要求会计信息过分精确，医院付出的会计核算成本可能超过由于会计信息精确化提

① 杜波．医院会计成本核算中存在的问题及对策探究［J］．财会学习，2023（17）：116.

升医院服务水平的效用。

（五）可理解性原则

医院会计记录和财务报告应当清晰明了，便于理解和运用。过分强调会计信息的专业性，而忽略医院财务报告的使用者可能会计专业知识不足，或者对医院会计不熟悉这一事实，将会弱化医院会计信息帮助利益相关者进行决策功能的实现。因此，对于复杂的信息，以及专业化很强的信息，要能转化为社会公众在投入必要时间和精力的情况下可以理解的形式。可理解性不强，可能会增加医院外部的政府部门，以及内部管理者的决策成本，不符合成本效益原则。

（六）实质重于形式

实质重于形式要求医院按照交易或者事项的经济实质进行会计确认、计量、记录和报告，不仅仅以交易或者事项的法律形式为依据。例如，医院以融资租赁形式取得的固定资产，虽然从法律形式上来看，该固定资产的所有权还没有转移给医院，但是与该固定资产相关的风险和收益已经转移给医院，也就是说从经济实质来看，医院应当把融资租赁取得的固定资产视为自有固定资产进行会计核算和报告。

三、医院会计的记账方法

医院会计的记账方法是指医院反映和监督业务活动所必须采用的会计技术手段，可以划分为单式记账法与复式记账法。

单式记账法是一种较为简单、不完整的记账方法，一般只记录现金的收付以及人欠、欠人的事项。

复式记账法是指对每一笔经济业务都要以相等的金额，同时在两个或两个以上相互联系的账户中进行登记的记账方法。复式记账法包括借贷记账法、增减记账法、收付记账法三种。在复式记账系统下，医院可以通过会计恒等式的平衡关系检查记账错误。可通过复式记账原理检查的错误包含单纯的记录错误、出错的复式记账、加减或变换错误等。但是，并不是符合会计恒等式就意味着会计核算没有差错，例如记账借贷方向相反、串户等情况下都能做到借贷平衡，但是没有正确反映经济活动。

四、医院会计要素的核算

（一）医院收入的核算

医院是向患者提供医疗服务的卫生事业单位，财政补助收入符合财政预算要求，经过法定程序报批后，方可取得；科教项目收入、其他收入，也要按照国家有关规定方可取得。

在社会主义市场经济条件下，医院收入来源的形式和渠道呈多元化趋势，既有财政拨款形成的财政补助收入，也有医院主营业务活动形成的医疗收入、科研与教学项目收入，还有投资收益、利息收入、接受捐赠收入、出租收入等。医院取得的各项收入，是不需要偿还的，主要用于维持医院业务工作的开展，增强医院自我发展能力。医院取得的需要偿还的资金，应当作为“负债”处理，不能作为医院的收入处理。

1. 医疗收入的核算内容

为了总括反映医疗收入的情况，医院应设置“医疗收入”科目。本科目属于收入类科目，其贷方登记本期发生的收入数，发生退还、冲销、转出收入时在贷方用红字反映，贷方余额反映累计收入净额。期末将累计数转入“本期结余”科目后，本科目无余额。

2. 医院收入的管理要求

（1）医院在取得收入时，必须严格执行政府规定的收费标准。医院作为非营利性的公益事业单位，国家为了保证公民能够得到基本医疗服务保障，规定医院必须执行政府规定的医疗服务收费政策，不得自立项目收费。医院严格执行国家医疗服务收费政策能够使广大人民群众享受到国家的基本医疗服务保障，同时保证了医院收入的合法性。

（2）医院取得收入时，必须使用财政或税务部门统一监制的票据。医院门诊、住院收费必须按照有关规定使用国务院或省（自治区、直辖市）财政部门统一监制的医疗收费票据，严禁使用虚假票据。切实加强收费票据管理的意义在于可以使医院各项医疗收入完整、及时入库，不致因管理不善而流失，同时能够使有关主管部门全面准确地了解医院的经济状况。

医院取得其他应税收入时，必须按照有关规定使用税务部门统一监制的税务发票。财务部门需要建立健全收入的内控制度，定期核对开具票据与应税收入是否相符。“医院收入控制是医院实施内部控制的一个相当重要的内容，它的合理性能够保障医院各项工作的正常展开，确保医院的一切收入都具有合理性”。[①]

（3）医院的收入要全部入账，按国家有关规定配备专职人员，明确医院财务部门统一管理医院的财务活动，医院内部任何科室、个人，都不得自行收费，私设小金库。

（4）采取有效措施，切实加强医疗欠费的管理和催收工作。做好在院患者的按金催缴，特别是实行贵重检查、治疗（含手术、用药）前，要保证有足够按金。对于因患者经济困难等原因极有可能发生欠费的，应做好相关报批工作。另外，要加强病房及患者的管理，避免患者逃费现象。

（5）建立健全各项收入管理制度，严格执行收费票据的印刷、登记、编号、保管、领发、核销等制度；对门诊、住院患者发生的医药费，按规定及时入账；对医院开展的进修培训、急救出车等其他业务收入，均应纳入预算内管理，并统一核算。

（6）加强管理、节约成本、提高效率。医院要致力于内涵求发展，努力挖掘内部潜力，合理利用现有的人力、物力、财力和信息等各种卫生资源，充分调动各个方面的积极因素，节约成本、提高效率，增加病源，合理增加医院的收入，推动医院发展。

3. 医疗收入的账务处理

医疗收入核算的主要账务处理如下：

（1）门诊收入的核算。门诊收费处每日终了，应将现金、支票及公费医疗、医疗保险、合约单位等记账单汇总编制“门诊收费员交款日报表”，然后再按项目整理汇总，编制“门诊收入汇总日报表”，报送财务部门。

（2）住院收入的核算。住院收入的核算步骤与门诊收入基本相同。但由于住院患者治疗周期长，医疗费用大，故住院收入的核算还涉及医疗预收金的收取、住院费用的结算、应收医疗款的结算及转销预交金的核算等。为了准确核算住院收入和管理好患者预交金，医院应当对每个患者的住院费用进行归集和结算。

根据“权责发生制”的要求，对住院收入的核算应做到“按日记账、按住院周期结清”。①按日确认应收在院患者医疗费。有条件的医院可以按天

① 周洪飞．信息化条件下医院收入内控机制构建路径研究［J］．商业文化，2021（6）：68.

对在院患者发生或冲减的医疗费用进行确认，填报“在院患者应收医疗费用统计表”，财会部门将结算表作为医疗收入的依据，借记“应收在院患者医药费”，贷记“医疗收入”。②按住院周期结转预收款并确认应收款项。患者办理出院手续，结算医药费时，根据出院日报表报来数字作借记“库存现金”“银行存款”“预收医疗款”“应收医疗款”等科目，贷记“应收在院患者医药费”。

（二）医院支出的核算

支出是指医院在开展医疗服务及其他活动过程中发生的资产、资金耗费和损失，包括医疗支出、财政项目补助支出、科教项目支出、管理费用和其他支出。医院支出的核算内容如下：

第一，人员经费。人员经费的核算，主要是将医院在医疗运营过程中发生的医疗业务人员的薪酬支出、福利补助等计入医疗业务成本等，如基本工资、津贴补贴、奖金、社会保障缴费等。

第二，卫生材料的核算。医院卫生材料是医院临床科室、医技科室在为患者诊疗、检验、检查过程中使用而消失或改变实物形态的物品，是医院开展医疗工作的物质基础之一，也是流动资产的重要组成部分。为了保证核算质量，财会部门的明细分类账与物资管理部门的明细账应定期进行核对，及时处理账账不符或账实不符。

卫生材料成本是医院运行过程中的重要成本，为了明确成本、满足财务管理及分析需要，应尽可能进行明细核算，设立具体的明细科目。包括：①按照卫生材料的分类，在“医疗业务成本——卫生材料费”下设置二级明细科目“低值易耗品”“医用耗材”“试剂”和“其他卫材”，上述二级明细科目下可按医院实际管理需要设置“介入类”“植入类”等三级明细科目进行核算。②在“其他费用——其他商品和服务支出——自筹科教经费”下设置二级明细科目“科研消耗卫材”“教学消耗卫材”进行核算。③在“医疗业务成本——卫生材料费”下设置二级明细科目“义诊扶贫卫材费”。

医院还可根据自身核算需要与管理要求，在“医疗业务成本——卫生材料费”下设置其他明细科目，如用来确认为各种会议、活动（如亚运会）提供医疗保障备用卫生材料的明细科目等。

第三，财政项目补助支出的管理与核算。财政项目补助支出，是指使用财政项目补助（包括当年取得的财政补助和以前年度结转或结余的财政补助）

发生的支出，包括购建专款、修缮专款等指定项目或用途的支出等。对项目支出必须按照规定的用途专款专用，并坚持先收后支、量入为出的管理原则。

第四，其他费用的管理与核算。为了真实地反映各个期间医院的经营状况，其他费用的核算也应遵循权责发生制的要求，其确认期需与受益期配比，而不能仅按结算时间一次性列支。如物业管理费的结算，由医院主管部门确认服务量及支出后，交由财务部门挂账，实际支付时再冲销；若医院信息系统支持，还可以在合同系统中设定相关费用的待摊、预提功能，在合同签订后即按受益期列支各项费用。

第五，科教项目支出的管理和核算。医院使用外部科教项目资金购置固定资产、无形资产的，应当在将相关购置支出资本化的同时，对所购置的资产计提折旧或摊销，折旧或摊销额冲减“待冲基金——待冲科教项目基金”科目。

第六，管理费用的管理与核算。为了严格监督管理费用的发生情况，努力节约管理费用开支，严格控制管理费用在医院总费用的比重，对管理费用应按不同的对象和规定的费用进行明细分类核算，据以考核管理费用预算执行的过程和结果，不断提高医院的管理水平。

第七，其他支出的核算。医院会计制度中的“其他支出”相当于企业会计制度中的“其他业务支出”与“营业外支出”，指医院主营业务以外其他经营活动所发生的支出，以及与医院经营活动没有直接关系的支出。

（三）医院结余的核算

1. 医院结余的要点

收支结余是医院在一定时期内收入与成本相抵后的余额，是增强医院经济实力的资金来源。重点注意以下方面的医院“结余”：

（1）医疗收支结余。医院以医疗服务为主，在医疗活动过程中投入活劳动和物化劳动，同时向患者收取相应的报酬，医疗收入、医疗业务成本等是构成医疗收支结余的主要因素。

（2）财政补助结转（余）。财政对医院的拨款分为基本支出拨款和项目支出拨款，当预算年度结束时，财政基本支出补助和财政项目支出补助可以结转至“财政补助结转”科目，留待下年继续使用；而财政项目支出补助在项目终结或是计划调整项目不再进行时，财政预算执行收入大于支出的余额就形成财政补助结余。

财政拨款应该按照部门预算的要求，从严从紧合理有序编制预算，原则上当年申请当年执行完毕，以提高财政资金的使用效率，避免形成结余。医院动用财政项目补助收支结转（余），应严格执行财政部门有关规定和报批程序。

2. 医院结余核算的方法

医院应当按规定的计算方法和计算内容，对单位全年的收支活动进行全面的清查、核对、整理和结算。医院应加强结余资金的管理，结余资金应按规定纳入单位预算，在编制年度预算和执行中需追加预算时，按照财政部门的规定安排使用。

（1）本期结余的核算方法。“本期结余”科目，核算医院本期除财政项目补助收支、科教项目收支以外的各项收入减去各项费用后的余额。“本期结余”的主要账务处理如下：

第一，期末，应将除财政项目补助收支、科教项目收支以外的其他各收入、费用类科目的本期发生额结转入本期结余。按照应结转的各收入类科目的本期发生额，借记“医疗收入”“财政补助收入——基本支出”“其他收入”科目，贷记本科目；同时，按照应结转的各费用类科目的本期发生额，借记本科目，贷记“医疗业务成本”“管理费用”“其他支出”科目。

第二，年末，经过上述结转后，首先应将本年财政基本补助结转转入财政补助结转（余），按“财政补助收入——基本支出”明细科目本年发生额减去“医疗业务成本”“管理费用”科目下“财政基本补助支出”备查簿中登记的本年发生额合计后的金额，借记本科目，贷记“财政补助结转（余）——财政补助结转（基本支出结转）”科目。

第三，本科目期末为贷方余额，反映医院自年初至报告期末累计实现的业务结余；如为借方余额，反映医院自年初至报告期末累计发生的业务亏损。年末结转后，本科目应无余额。

（2）财政补助结转（余）的核算方法。“财政补助结转（余）”科目核算医院历年滚存的财政补助结转和结余资金，包括基本支出结转、项目支出结转和项目支出结余。

第一，财政补助结转（余）的核算范围。本科目应当设置“财政补助结转”和“财政补助结余”两个一级明细科目。

第二，财政补助结转（余）的账务处理。本科目应当设置期末与年末两个时间段，将本期财政项目进行结转后，应当对本科目下“财政补助结转——项目支出结转”明细科目下所属各明细项目的执行情况进行分析，按照有关规定将符合财政补助结余资金性质的对应项目的贷方余额转入本科目下“财政补助结余”明细科目。按照各项目结转金额，借记本科目（财政补助结转——项目支出结转——×××项目），贷记本科目（财政补助结余）。

第三，按规定向主管部门等上缴财政补助结转和结余资金、注销财政补助结转和结余额度等时，按实际上缴资金数额或注销的资金额度数额，借记本科目，贷记“财政应返还额度”“零余额账户用款额度”“银行存款”等科目。

本科目期末贷方余额，反映医院财政补助结转和结余资金数额。

（3）科教项目结转（余）的核算范围与方法。项目是指医院从财政部门以外的部门或单位取得的，具有指定用途、项目完成后需要报送项目资金支出决算和使用效果书面报告的资金所对应的项目。

“科研项目结转”科目，核算医院尚未结项的非财政资助科研、教学项目累计所取得收入减去累计发生支出后的，留待下期按原用途继续使用的结转资金，以及医院已经结项但尚未解除限定的非财政科教项目结余资金。

科教项目结项后如有结余资金并解除限定可以转入事业基金的，按照结转金额，借记本科目，贷记“事业基金”科目。本科目期末贷方余额，反映医院留待下期按原用途继续使用的非财政科研、教学项目结转资金数额以及尚未解除限定的非财政科研、教学项目结余资金数额。

（四）医院资产的核算

资产是指医院过去的经济业务或者事项形成的，由医院控制的，预期能够产生服务潜力或者带来经济利益流入的经济资源。服务潜力是医院利用资产提供公共产品和服务以履行政府职能的潜在能力。经济利益流入表现为现金及现金等价物的流入。“医院资产的合理使用与管理，直接影响着医院的各项工作，医疗改革进程中，其首要任务便是加强资产的管理，同时加强对医疗机构资产的管理，也是促进市场经济发展的重要条件”。①

1. 医院资产的主要特点

（1）资产是由过去的经济业务或事项形成的。资产必须是现时的资产，

① 谭会平．刍议医院资产管理中存在的问题及对策[J]．商讯，2023（6）：164.

而不能是预期的资产。只有过去的交易或者事项才能增加或减少医院的资产，预期未来发生的交易或者事项不形成资产。比如，医院购买医疗设备、自行建造住院楼、自行研制生产药品等，已经发生的购买、自行建造、生产等交易或者事项即为过去的交易或者事项；而医院有购买计划但尚未发生的购买交易则不会形成医院的资产。

（2）资产是医院所拥有或者控制的。医院拥有资产，就能排他性地从资产中获取经济利益或服务潜力。所以，以融资租赁方式租入的固定资产应视为医院的资产；而以经营租赁方式租入的固定资产，由于医院不能控制它，不应视为医院的资产。

（3）资产预期会给医院带来经济利益或者服务潜力。资产预期会给医院带来经济利益或者服务潜力，是资产的本质特征。这里所指的“服务潜力”是指医院从事宗旨所规定的活动，向公众提供医疗服务的能力。

2. 医院资产的核算内容

（1）固定资产的管理和核算。固定资产是指企业使用期限超过1年的房屋、机器、建筑物、运输工具以及其他与生产、经营有关的设备、工具、器具等。医院固定资产管理制度包括：①建立健全资产共享、共用制度，以提高资产使用效率；②建立健全信息化管理及定期对账制度。为了核算固定资产的增减变动和结存情况，设置“固定资产”科目，借方登记固定资产增加的原值，贷方登记固定资产减少的原值，借方余额表示固定资产的原值总额。本科目按固定资产类别及项目设置明细账，进行明细核算。

（2）基建并账的核算。将“基本建设投资的会计核算”并入“医院大账”是本次改革的主要变化之一。基本建设的内容主要有：①建筑安装工程。包括各种土木建筑、矿井开凿、水利工程建筑、生产、动力、运输、实验等各种需要安装的机械设备的装配，以及与设备相连的工作台等装设工程。②设备购置。即购置设备、工具和器具等。③勘察、设计、科学研究实验、征地、拆迁、试运转、生产职工培训和建设单位管理工作等。

为了适应社会主义市场经济体制和投融资体制改革的需要，规范基本建设投资行为，加强基本建设财务管理和监督，提高投资效益。为了满足医院会计计量完整性的要求，同时符合基建财务管理规定，从操作层面来说，就是每月底，按照基建账套《总账收支平衡表》上的借方、贷方发生额栏目，将每月基建支出的发生总额在“医院大账”中对应的科目进行记录，从而实现基建会计核算与医院会计核算的并轨整合。

（3）流动资产的管理和核算。流动资产是指可以在1年内（含1年）变现或者耗用的资产。流动资产在资产负债表上主要包括以下项目：货币资金、短期投资、应收账款、预付账款和存货（药品、试剂、耗材、再加工物资）等。流动资产与固定资产是相对的概念，其一般特点是资金占用形态具有变动性、占用数量具有波动性、周转期限短及资金来源具有灵活多样性。医院资产中流动资产占比过高，会降低经营资金的周转效率和获利能力；占比过低，则影响偿债能力。因此，流动资产管理的关键，是在收益与风险间取得平衡，合理确定流动资产的规模和数量，合理配置流动资产，且进行动态管理。

第一，货币资金的管理和核算。医院货币资金，是指医院在发生经济活动过程中，处于货币形态的资金，是医院流动资产的重要组成部分，它包括库存现金、银行存款和其他货币资金。货币资金是医院流动性最强，控制风险最高的资产，医院应该严格遵守国家规定的货币资金管理制度与银行结算制度，建立、健全货币资金的内控制度。

现金的管理。现金是医院资产中流动性最强的资产。作为交换媒介之一，现金拥有流通、支付、存储三大职能。为了确保医院现金的安全，现金的管理必须遵守以下五项原则：①合理设计现金业务流程及工作岗位。医院要设置专人经管现金出纳业务，会计、出纳岗位一定要分开设置，不得由一人兼任，明确职责、权限，形成相互制衡的机制。②按规定范围支付现金。现金支付必须符合《现金管理暂行条例》规定的现金使用范围，在可使用现金范围以外的经济往来和达到转账起点的款项必须通过银行进行转账结算。③库存现金限额管理。为了保证现金的安全，根据国家的规定，库存现金要实行限额管理。医院根据本单位的实际情况向银行申请核定库存限额，一般不超过医院3天至5天日常零星开支所需现金额。医院应按限额严格控制现金库存额，防止超限额存放。④有严格的现金收付手续。出纳人员在办理现金业务时，要严格审查现金收付的原始凭证。在收款时要认真清点现金，防止错收错付。款项收付完毕，应在凭证上加盖“现金收讫”或“现金付讫”戳记。严禁用白条、借条抵库存。⑤如实反映现金库存情况。出纳人员应于每日业务终了前结清当天账目，在账面库存与实际库存核对相符后，编制“库存现金日报表”，连同原始凭证交会计人员复核、整理，填制记账凭单。

银行存款的管理。银行存款是医院存放在开户银行里的货币资金。医院发生的各种结算款项，除按规定允许用现金结算的以外，其余都必须通过银行划转结算。银行存款的收支应由出纳人员负责管理，并按照规定办理。①银行存款账户的开立。根据国家规定，医院必须在银行开立存款户，以办理有关存款、取款和转账结算业务。医院应建立和健全银行存款结算与管理的内控制度。医院取得的各项收入都要纳入财务部门的统一管理，不得另设账户，防止和杜绝开立账户过多、过滥的现象。②银行存款的管理原则：认真贯彻执行国家的政策、法令，严格遵守国家银行的各项结算制度和现金管理制度。银行存款账户只供本单位使用，不准出租、出借、套用或转让给其他单位或个人使用。银行存款账户必须有足够的资金保证支付，加强支票管理，不准签发空头支票和其他远期支付的凭证。对支票等结算凭证，必须如实填明款项的来源或用途，不得巧立名目、弄虚作假，严禁利用账户搞非法活动。重视与银行的对账工作，认真及时地与银行对账单进行核对，保证账账相符，账款相符。月末，银行存款日记账余额与银行对账单余额之间如有差额，一般是由于双方记账错误或存在未达账项。所谓未达账项是指因凭证在传递过程中，造成单位与银行之间入账的时间先后不一致，从而发生一方已入账，另一方尚未入账的情况。医院财会部门必须对每一项未到账逐笔查明原因，进行处理，并应按月编制“银行存款余额调节表”调节相符。③银行转账结算方式。按照现行银行结算办法的规定，通过银行办理结算的方式主要有支票、汇票、本票、信用卡、汇兑、委托收款和托收承付 7 种。

其他货币资金的核算。其他货币资金是指医院在采购药品、材料等经济业务中，需取得银行汇票、银行本票或信用卡，而根据有关规定存入银行的款项，即银行本票存款、银行汇票存款、信用卡存款等。为了核算其他货币资金的收付变动和结存情况，设置“其他货币资金”总账科目，借方反映其他货币资金的增加额；贷方反映其支用及减少额。余额在借方，表示其他货币资金的结存数。本科目应设置“银行本票存款”“银行汇票存款”“信用卡存款”等明细科目，进行明细核算。

第二，应收及预付款项的管理和核算。应收及预付款项是指医院在开展业务活动和其他活动过程中形成的各项债权，医院应加强应收及预付款项的日常管理，定期分析，确保资金往来及时结清，保证医疗机构资金正常周转。

设置应收及预付账款明细分类账。医院为加强对应收及预付账款的管理，应在总分类账的基础上，再按信用客户或供应商的名称设置明细分类账，详细记载与各信用客户和供应商的往来情况。

加强应收医疗款的管理。医院应控制应收医疗款的规模，根据患者病情和治疗需要合理确定预交金额度，加强患者预交金管理。医院还应加强应收医疗款的回收管理，及时与医保、公费医疗、特约单位等单位客户对账、结算，缩短回款期；加强对医保、公费医疗等医药费用的审核与监督，减少结算差额或扣款；督促经办人积极催款，降低欠费率，减少呆账的发生；同时，通过应收医疗款的定期账龄分析，查找应收医疗款形成的原因，及时堵塞管理漏洞。

第三，库存物资的管理与核算。库存物资是医院流动资产的重要组成部分，其管理目标包括：

①保护资产的安全完整。库存物资的运作贯穿于整个医疗活动及行政后勤活动过程，管理和核算非常重要。准确核算“进、销、存”，定期盘点，是保证流动资产安全完整的基础，也是库存物资管理的基本目标。

②提高资产的运营效率。库存物资是反映医院流动资金运营情况的晴雨表。因此，进行库存物资管理的目标之一就是尽力在各种成本与存货效益之间作出权衡，达到两者的最佳结合。

③保证资产真实性和完整性。医院应建立健全库存物资缺损、报废、时效的控制制度和责任追究制度，完善实物清查和盘点制度。各种库存物资应当定期进行清查盘点，每年至少盘点一次，年终必须进行全面盘点清查，保证账实相符。盘点时，财务、审计等相关部门要派员监盘。对于发生的盘盈、盘亏以及变质、毁损等物资，应当先记入“待处理财产损溢”科目，并及时查明原因，根据管理权限报经批准后及时进行账务处理。

（4）无形资产的管理和核算。无形资产是指不具有实物形态、能为医院带来某种权利的非货币性资产。无形资产的种类很多，一般包括专利权、著作权、版权、土地使用权、非专利技术、医院购入的不构成相关硬件不可缺少组成部分的应用软件及其他财产权利等。医院无形资产应当从取得当月起，在法律规定的有效使用期内平均摊销。无形资产摊销期间与固定资产折旧期间的不同之处在于：前者从取得当月起摊销，后者从取得次月起折旧。

无形资产摊销涉及两个年限：法律规定有效年限和合同规定受益年限。无形资产可以按照合同受益年限或者法律有效年限摊销；同时存在两个年限的，摊销期不应超过两者之中较短者；两个年限同时不存在的，《医院财务制度》规定“按不少于十年的期限摊销”，而《医院会计制度》则规定“摊销期不应超过十年”，对两项制度规定的不一致，本书建议：同时不存在合同规定受益年限和法律规定有效年限的无形资产，按十年摊销，即取两制度的交集。

（五）医院负债的核算

负债是指医院所承担的能以货币计量，需要以资产或者劳务偿还的债务，包括流动负债和非流动负债。

1. 医院负债的特点

（1）负债是现时已经存在的、由过去的经济业务所产生的经济负担。例如，医院从银行取得借款，从医药公司赊销药品等业务会引起负债；某些在法律上强制执行的责任，如税费的缴纳等，也会增加医院的负债。

（2）负债是可以用货币计量或合理估价的债务责任。因此，每项负债都有确定的偿还金额，或虽无确定的金额，但有接近精确的估计数。

（3）负债的履行会导致医院未来经济利益的流出。

（4）负债必须有确定的债权人，其偿还的形式也必须是债权人所能接受的。负债偿还的方式有：用现金或非现金的物品或其他资产支付，用劳务来抵偿或以新举债的方式来抵偿。

2. 医院流动负债及核算

流动负债是指偿还期在 1 年以内（含 1 年）的短期借款、应付票据、应付账款、预收医疗款、预提费用、应付职工薪酬和应付社会保障费等。

（1）医院流动负债的产生原因。医院流动负债按照产生的原因可分为以下几类：

第一，筹集资金产生的流动负债。如医院从银行和其他机构借入的短期借款等。

第二，结算过程中形成的流动负债。如医院购入的药品、卫生材料、低值易耗品等已经到货，在货款尚未支付前形成的待结算应付账款，社会医疗保险机构预拨的医疗保险基金和预收患者门诊及住院时交纳的医疗款等。

第三，业务活动过程中形成的流动负债。由于医院实行权责发生制，有些费用需要预先提取，如预提费用、应付职工薪酬、应付福利费、应付社会保障费等。按照国家规定应缴入国库或上缴行政部门的应缴未缴款项，以及一些其他的应付、暂收款项，如存入保证金等。

（2）医院流动负债的特点。医院流动负债的特点包括：①偿还期限短。流动负债是在债权人提出要求时，债务人即期偿付，或在 1 年内或者超过 1 年的一个营业周期内履行偿债的义务。②筹资成本低。流动负债主要是为医院日常医疗活动服务的，能够在短期内为医院提供资金来源，筹资成本很低。③偿还方式灵活。除了大多数用货币资金偿还，还可以用商品或劳务等偿还。

（3）医院流动负债的核算。

第一，短期借款核算。短期借款是医院向银行或其他金融机构等借入的期限在1年以下（含1年）的各种款项。其主要目的是用于补充医院的流动资金、偿还短期债务等。医院借入短期借款后，就构成了医院的负债，归还短期借款时，除了归还借入的本金外，还应支付利息。资产负债表日，应按照实际利率确定短期借款的利息费用。短期借款的利息，作为管理费用，计入当期损益。

第二，应缴款项的核算。应缴款项是指医院按规定应上缴国库或应上缴行政主管部门的款项。包括出售、报废、毁损固定资产清理、无形资产转让的收入净额等。应缴款项是医院的一项负债。医院取得的应缴款项应按照规定及时上缴，不得截留或挪作他用。

第三，应付账款的核算。应付账款是医院因购买库存物资、固定资产和接受服务供应等而应付给供应单位的款项。这些款项在未支付之前构成医院的一项负债，是买卖双方在购销活动过程中由于取得物资与支付货款在时间上的不一致而产生的。

应付账款按应付金额入账，即应按发票账单金额入账，而不按到期应付金额的现值入账。如果购入的物资在形成应付账款时带有现金折扣，应付账款的入账金额为发票金额，即不扣除现金折扣。获得的现金折扣，作为一项理财收益，计入其他收入。

第四，预收医疗款的核算。预收医疗款是指医院预收住院患者、门诊患者的预交金和医疗保险机构预拨的医疗保险金等。医院在开展医疗服务活动中，患者就医及住院时，按照规定，医院应根据患者病情和治疗的需要合理确定、收取一定的预交金。对于患者预交的住院医药费，应定期与实际发生的住院医药费进行核对，做到让住院患者对住院费用心中有数，同时应做到及时清理以避免发生欠费，患者出院时应及时结算。

为反映预收医疗款结算情况，要按个人或单位进行明细核算。可根据历年或多年患者历史资料，测定各病种平均费用水平，合理确定预收医疗款收取标准。

第五，应付社会保障费的核算。应付社会保障费是医院的负债，应当在职工为其提供服务的会计期间，按照国家统一规定的计提基础和计提比例提取。对于没有明确规定计提基础或者计提比例的，医院应当根据历史经验数据和自身实际情况合理确定计提基础和计提比例。

3. 医院非流动负债及核算

非流动负债是指偿还期超过一年的债务，是医院向债权人筹集但不需要即期偿还的债务资金。

（1）医院非流动负债的特点。非流动负债的特点包括：①举借长期债务的目的是购置大型设备、增加病床规模和扩建医疗用房等，而流动负债的举债目的是满足日常医疗活动的需要。②举借长期债务的资金一般投入大型的项目，而这些投资具有不可逆转性，即一旦投资完成，想再改变已不可能，或者是代价太大，因此，加大了医院的财务风险。③非流动负债的偿还期限较长，一般超过一年。④非流动负债可以分期偿还，或者分期偿还利息，定期偿还本金，或者确定债务到期时一次偿还本息。

（2）医院非流动负债的类型。

第一，根据取得的途径，非流动负债可以分为从银行或金融机构取得的非流动负债和从非银行单位取得的非流动负债。前者为长期借款，后者主要为医院直接对外发行的债权等。

第二，根据应付金额是否肯定，非流动负债可以分为应付金额肯定的非流动负债和应付金额需要估计的非流动负债。一般来说，长期负债大都是应付金额肯定的负债，即在负债发生时，就可以明确到期的应偿还金额。但也有例外情况，如通过中国银行借入的引进国外大型医疗设备的贷款，就应将借款到期期间外汇与人民币变动的比率计入应偿还的金额，这就构成了长期负债中应付金额的需要估计的部分。

第三，根据经济内容，非流动负债可以划分为长期借款、长期应付款等。长期借款是指医院向银行等金融机构借入的偿还期在一年以上的各种款项，一般用于大型医疗设备的购置、基建工程、大修理工程等。长期应付款是指医院除长期借款以外的其他各种长期应付款项，如融资租入固定资产的租赁费等。

（3）医院非流动负债的核算。

第一，长期借款的核算。长期借款是指医院经批准向银行借入的偿还期限在 1 年以上（不含 1 年）的各项借款。长期借款一般用于医疗设备的购置、基建工程、大修理工程、对外投资以及保持医院长期的运营能力等方面。长期借款按有无抵押担保，可分为抵押借款和无抵押借款；按偿还方式，可分为定期偿还借款和分期偿还借款。

第二，长期应付款的核算。长期应付款是指医院发生的偿还期限在 1 年以上（不含 1 年）的应付款项，如融资租入固定资产的租赁费等。医院除了通过财政拨款、借款等构建长期资产外，还可以经批准采用融资租赁等形式租入固定资产等。一般情况下，资产使用在前，款项支付在后，而且期限较长，从而会形成医院的非流动负债，称其为长期应付款。

第二节　医院财务会计智慧化管理的方案

“医院经营发展过程中，需重视财务管理工作的开展。为提高财务管理工作质量水平，需与时俱进，合理科学地应用现代化管理方式方法。对于智慧财务管理来说，能够使智慧化与财务工作相契合，使公立医院财务管理工作实现智能化、信息化”。[①]与传统财务管理相比，其特点能够适应竞争多元化、变化迅速、虚实结合的新经济形态。从智慧化财务管理的内涵来看，能够准确处理业务、数据、管理三者之间的有机关系，将观念价值转化为实践价值，在管理实践中真正满足业务发展的需要。因此，智慧化财务管理是一个有机整合了各项相关理论的具有指导前瞻性的理论体系，也是一种具有包容性、整体性、可扩展性的综合财务管理活动。若对智慧化财务管理要有全方面、多层系的理解和认识，可以从三个层面上入手：方法层面、理念层面和物理层面。这三个层面有机统一组合成了智慧化财务管理的整体面貌。

一、方法层面

智慧化财务管理的方法层是理念层在实际应用中的支撑。智慧化财务管理方法层面的实现需要将互联网思维与技术相结合，在传统财务管理方法的基础上，建立并继承具有较强的管理性、全面性、创新性的财务管理方法体系。智慧化财务管理的方法体系细分为由需求识别、财务职能和财务政策三个层次。医院管理的目标是最大限度地利用有限的医疗资源，实

① 孙洁．智慧财务管理在公立医院财务管理中的应用探讨 [J]. 财经界，2023（12）：129.

现资源的合理配置，提高医疗技术和服务水平，确保医院在医疗行业新形势下的可持续发展。

首先，智慧化财务管理方法体系应以识别医院管理需求为出发点，围绕整合合理配置医疗资源、实现财务管理价值的需求构建。

其次，为满足管理需求，要依托各种具体的财务功能，注重智慧财务管理下财务功能与业务功能的结合，挖掘财务管理功能的潜力。

最后，财务政策是财务职能的最终体现。在医院的实际运营中，要根据实际情况及时调整各项财务政策，规范各项业务的处理，确保更好地服务于医院自身的目标。

二、理念层面

从传统财务管理发展到智慧化财务管理方向，主要是源于信息技术和工具的发展，特别是互联网技术。自然，信息技术日益发达的时代孕育和发展了智慧财务的概念。互联网不仅加深了人们对数据的思考和应用，也加深了人们对数据的思考和管理。因此，智慧财务首先是一种观念的转变。从理念层面去理解它，将会抓住智慧化财务的灵魂。细化来说，智慧化财务管理的理念层面可以分为三个层次：使命目标、控制、标准和规则。

首先，智慧化财务管理属于管理的范畴，其本质是为落实既定使命和目标而服务。以明确的目标作为智慧财务管理活动的逻辑起点，以目标的实现作为智慧化财务管理活动过程的终点，这样才能构建一个全闭合的财务管理体系。

其次，对过程的控制是实现任务和目标的保证，是管理活动良好运行的关键机制。传统财务管理的控制带有简单、滞后性，而智慧化财务管理利用了先进信息技术将各种控制措施嵌入整个业务流程中，实现事前、事中、事后对业务的全面、流程化、智能化的控制。因此，智慧财务的控制是对整个过程的全面控制。

最后，制定标准和规则。智慧化财务管理理念层的物理基础是控制过程中的各项标准和规则。通用财务管理标准和规则是可以被机器识别的语言，可以在各种互联网设备和信息处理终端自由“沟通”。这种通用的财务管理标准和规则通过信息技术进行处理，并嵌入智慧财务管理系统平台中。它不仅包括日常财务管理中的各项政策和内部控制制度，还包括信息转换、处理、传递等环节的技术标准体系。

三、物理层面

转化为财务口径的数据是医院财务管理的基石。唯有获取实时确切的财务数据，才能服务于管理层作科学、准确的决策。由于意识和技术条件的限制，传统的财务管理模式注重数据的收集和核算，缺乏数据收集后的深入挖掘和分析。智慧化财务的立足点在于它的物理层面，物理层面可以分为三个层面，即数据处理、信息系统和数据终端。

智慧化财务模式依托智能数据终端，全过程自动采集并实时准确记录原始数据，通过信息系统的转换、整理、统计、传输与存储，驱动数据的深入挖掘和智能分析的处理，为管理决策提供全方位、实时精确的数据支持。此外，数据处理是智慧财务的神经中枢，也是智慧化财务系统的核心。而信息系统和智能终端的运用，在提升财务管理效率的同时，让数据可以追溯到业务流程，监督数据的真实性，从而防止与减少财务风险的发生。

第三节　医院财务会计智慧化管理的系统构建

目前，“医疗机构通过精细化、科学化的管理来实现高质量发展的需求就更加迫切，特别是应借助信息化建设，建立高效、节约、集成的管理体系，实现智慧型发展”。[①] 智慧化财务管理作为新型的财务管理模式，要改变传统医院财务管理模式，不仅需要足够深度的理论依据，还需要完善的系统设计。智慧化财务系统的设计和建设一方面要进行理念的转变，转变医院传统财务管理思维，转变财务人员对于财务管理的认识；另一方面要进行完善的顶层设计，依托先进的信息技术，通过完善的信息系统设计，实现业财深度融合，将财务管理嵌入业务流程中。因此，医院智慧化财务系统设计需要从理论和实践两方面入手，建立全方位的智慧化财务理论框架，同时建设信息化平台予以辅助，实现智慧化财务系统的落地。

① 高爽．公立医院智慧财务建设的若干思考［J］．中国总会计师，2022（9）：111．

一、智慧财务系统的设计思路

（一）整体思路

基于智慧化财务管理理论框架，本设计旨在打造一套智能化财务系统，以医院管理目标为核心目标。通过采用全流程控制方法以及财务管理标准，建立一个智能化的信息系统平台，利用物联网技术完善智能终端的数据记录功能。该系统将充分利用物联网手段，确保数据记录的准确性和及时性，从而实现对财务管理数据的全面记录、统计和分析。通过这一系统，为医院决策层提供全面的数据支持，帮助他们作出更加明智的决策。

（二）阶段建设

智慧化财务系统作为全流程、全方位的综合财务管理系统，其建设过程不是一蹴而就的，不仅需要医院管理理念的更新和接受，还需要作好承担制度变迁成本的准备。智慧化财务系统的建设必然需要投入大量的资金，特别在系统设计以及建设的初期需要承担更大的资金风险。所以，为了降低系统建设期间的风险，应当将系统建设分阶段进行。在系统建设每一阶段建设测试完成后直接进行实际操作，从实际操作中积累数据和经验，同时开始进行系统下一阶段的设计和建设。

智慧化财务系统建设分为三个阶段：第一阶段搭建信息平台，嵌入财务管控标准；第二阶段加入智能信息终端和人工智能技术；第三阶段利用大数据、云计算等信息技术完成数据的深度挖掘分析。通过三个阶段的建设，完成智慧财务系统整体的构建。

（三）标准设计

医院管理中的财务管理是一个至关重要的组成部分。为了确保财务管理的高效运转，需要设计一套标准化、规范化的操作流程。这个流程应该包含详细的操作标准，固化每个环节和岗位的操作要求，以降低操作风险。

智慧化财务系统的设计应以财务指标为数据口径，并根据医院制度和相关会计准则制定精细化的操作要求。该系统的覆盖范围涵盖了业务报销、资金支付、票据管理等活动，以及财务数据统计、财务报表分析、财税政策更新等内容。全面完善的标准设计可以让智慧财务系统更加直观简便地展现出来。这样，医院业务人员能够轻松地通过简单的操作将业务活动转换为财务数据，从而增加员工对智慧化财务系统的认同感。这也有助于员工更容易接受智慧化财务系统，进而促进业务与财务的融合。

财务管理的标准化是信息化建设的基础。一旦实现了各类财务数据的标准化，智慧财务信息系统就能够实时收集准确的数据。通过运用大数据技术对这些数据进行深度挖掘，并结合云计算技术进行加工存储，系统将为医院的决策提供及时、准确的数据支撑。

二、智慧财务系统的阶段建设

（一）第一阶段建设

1. 第一阶段建设思路

梳理医院的规章制度和财务职能，确保各项规定的有效实施。制定医院内部控制、风险管理等财务管理标准，为财务工作提供指导和规范。制定医院预算管理、资金管理等线上报销标准，提高财务管理的效率和准确性。与软件公司沟通，将财务管理标准转换为信息系统的控制语言，实现财务管理与信息系统的有机结合。

2. 第一阶段信息系统建设

建设信息化平台，借鉴互联网经济思维，提高系统的灵活性和创新性。采取分模块建设业务系统的方式，减少业务串联风险，提高系统的可维护性和可扩展性。预留信息传输接口，为未来接受外部系统数据做准备，保证系统的互联互通能力。软件公司负责技术标准和系统建设，医院财务部门和信息部门实时监督和修改，保证系统建设的顺利进行。组织历史数据整理和交割，确保数据的可追溯性、准确性和完整性，为系统的正常运行提供可靠的数据支持。实现医院内多系统数据对接，为深度挖掘和分析数据奠定基础，提升数据的价值和利用率。深入业务源头，建设合同模块，推进合同信息数据化建设，促进业务流与财务流的深度融合，提高财务管理的效率和准确性。

3. 第一阶段模块建设

在第一阶段智慧化财务系统建设中，重点关注医院财务管理相关业务的梳理。这一举措的目的是建设医院基础财务管理，并提高员工使用的便利性。为此，六大模块被纳入系统，包括报销管理、智慧商旅、移动审批、银医直连、票据影像管理和电子档案管理。其中，报销管理、智慧商旅和移动审批模块主要旨在提升员工的使用体验，而银医直连、票据影像管理和电子档案管理模块则旨在提高医院财务管理水平。整个系统的目标是加强医院资金管理、原始单据管理和财务档案管理。通过这一智慧化财务系统的建设，医院的财务管理将得到极大的改善和提升。

（1）智慧商旅模块。智慧商旅模块的推出解决了医务人员出差中频繁出现的住宿预订和结算问题。通过该模块，医务人员可以轻松预订符合财务标准的酒店住宿，无须自行支付费用。同时，平台提供符合财务标准价位的交通票据，使得费用报销更加方便和准确。这一模块还提供了出差审批模式，医务人员只需填写出差审批单，即可提供详细的出差信息，简化了原本烦琐的审批流程。

在出差费用方面，智慧商旅平台为医务人员提供垫付服务，将费用在出差期间垫付，避免了他们借用备用金或自行支付费用的麻烦。费用定期与医院结算，确保了双方财务流程的顺畅进行。借此，医院减少了借备用金和频繁审批流程的情况，从而节省了管理资源和成本。

（2）移动审批模块。在医院智慧化财务系统下，设计并实行了费用分级授权审批制度。该制度由业务归口管理部门负责人和财务审核人员共同负责，他们对业务的真实性、合规性以及原始票据的真实性进行审批。传统的财务管理中存在审批流程低效的问题，业务人员需要逐级审批和重新审批，这对工作效率产生了影响。

在智慧化财务系统中引入移动审批模块，优化了审批流程，解决了报销审批程序效率低下的难题。通过信息系统和物联网应用，业务人员只需扫描上传原始业务单据，并与电子报销单统一存储，而无须传递纸质单据。与此同时，业务部门负责人可以通过影像系统进行审批。这一举措不仅提高了审批过程的便捷性，还保证了审批环节的准确性。

值得一提的是，移动审批模块显著缩短了审批流程，解决了业务人员报销时间长的问题。过去，业务人员需要等待多个岗位的审批才能完成报销流程，这常常导致报销时间延长，给工作带来了不便。而现在，通过移动审批模块，业务人员可以更快地完成审批流程，加快报销时间，从而提升了整体工作效率。

（3）银医直连模块。银医直连模块的设计思路旨在针对医院资金支付进行额度授权。一旦业务单据审批完成，出纳人员便会发送指令，将资金支付信息在一定额度范围内发送到银医直连系统，由银行直接进行付款。重要的是，业务人员在填报业务单据时直接填写支付信息，这一信息无法被出纳人员修改，从而确保了医院资金支付的安全性，并降低资金风险。一旦银行完成支付，便会反馈电子流水并提供基础信息给智慧化财务系统，以生成凭证。通过提取银行电子流水号，医院财务系统得以生成银行对账单，实现银行存款账目的自动对账。这个闭环的财务管理系统显著降低了医院的资金风险，并提高了资金安全性。

（4）报销管理模块。在智慧财务系统建设的首要步骤中，报销管理模块扮演着至关重要的角色。这个模块需要深入医院业务流前端，以实现有效的财务控制。考虑到医院作为公立医疗机构的特殊性，系统必须满足国家相关的财务制度和规范文件，同时要保留适应未来变化的空间。为了确保报销管理模块的高效运作，其设计必须从多个角度出发，需要考虑不同人员类别，业务单据以及报销流程信息化和报销业务操作。这些因素将直接影响系统的流程和功能，因此设计阶段必须慎之又慎。医院业务流程通常采用归口管理的方式，即不同人员类别的报销需经过不同部门的审核签批。因此，报销管理模块以人员类别为基础进行设计，同时要考虑到科室归属可能带来的额外复杂性。这样一来，系统可以根据不同情况进行灵活的设置和管理。

为了应对医院业务报销的复杂性，智慧财务系统需要建立一个基础人员字典，用于全面规范设计。这个字典将成为前端业务流程审批和财务流核算的依据，为整个系统提供可靠的支持。对于出差和培训业务的报销，其复杂性更为突出。针对这一问题，智慧财务系统可以设计事前审批流程，通过出差审批单进行前端优化。这种方式能够降低管理和纠错成本，实现财务管理的智能化和标准化。出差审批单由经办人在出差前填报，并经归口管理部门审批后与报销单关联。这种流程的实施能够有效地控制报销业务的标准化，减少不必要的沟通成本，同时提高员工报销业务的效率。

在医院管理体系中，报销管理模块通过信息化设计，实现了报销流程的优化与升级。此新系统通过信息系统实现逐级审批，避免了越级传递，从而确保了层层把关和审批责任到人，最大限度地降低了人为因素对报销流程的影响。这个新系统设计了审批进度查询和票据传递时间标注功能，使得报销流程公开透明，所有相关人员都可以实时查看审批进度及速度。这样一来，审批的整个过程更加透明，不仅增加了员工对流程的信任，还减少了对管理层的不必要查询与追问，提高了工作效率。

每个审批节点都具备对报销进行退回并标注退回原因的能力，这进一步提高了业务人员对报销程序的满意度和接受度。现在，员工可以得到具体的退回原因，根据相关意见作出调整，避免了盲目修改和不必要的反复审批，为整个流程带来了更大的稳定性与连续性。操作界面的票据影像模块的加入，则极大地减少了纸质单据传递中的风险。由于一切信息都在系统中记录，医务人员能更专注于医疗工作，而不用过多地担心单据丢失或遗漏，提高了医院工作的效率与准确性。为了让报销流程更加高效，操作界面设置突出业务重点，填报内容简洁明了，同时嵌入了预算和财务管理相关指标。这样，系统能够在填报时即时提醒超标情况，使得业务人员能够在最早的阶段就避免重新审批，节约了宝贵的时间与资源。

业务单据基本信息自动提取的功能也显著减少了填写时间和操作风险，进一步提高了操作效率。现在，医务人员只需要在系统中输入少量信息，即可自动提取相关的基本信息，而不必再手动填写大量重复数据，从而降低了填写错误的概率，节省了宝贵的时间。

（5）电子档案管理模块。在全院范围内，旨在支持全面电子档案管理的设计目标，是建立一个强大的电子档案管理模块。该模块利用物联网和云计算等先进信息技术，构建了多媒体档案资源的存储和查询检索系统。其主要目的是实现档案电子化和办公无纸化，以实现财务管理状态的数字化。这一目标的实现关键在于确保业务系统与财务系统信息的无缝对接，从而提高信息化运作效率。

通过智能终端的应用，原始单据能够实时采集，大大提高了数据采集效率。同时，通过云计算和云存储技术对电子档案进行标准化整理存储，进一步提高了资源利用效率。电子化管理也为节约数据存储空间和原始单据实物存储空间创造了可能。最终，该电子档案管理模块实现了全面、标准、高效的财务档案管理。借助技术应用，全院各部门能够方便地访问和利用档案资源，提高了工作效率。该模块不仅满足了档案管理的基本需求，更为院内业务流程提供了有力的支持。以数字化管理为基石，全院财务管理迈向了一个新的高峰。

（二）第二阶段建设

智慧化财务系统第二阶段设计以第一阶段信息系统为基础，设置智能终端设备接入信息系统，同时借助人工智能技术实现财务管理中简单性、重复性劳动的自动化和智能化。

1. 核算管理模块

在核算管理模块中，包含了两个关键的部分：会计核算自动化和财务报表自动化。会计核算自动化是财务报表自动化生成的前置和基础环节，对于财务数据的准确性和高效性具有至关重要的作用。

会计核算自动化依赖于强大的会计机器人，通过设定会计核算口径的技术指标，形成了会计核算信息化规则，确保财务数据的一致性和准确性。在控制风险的前提下，会计核算自动化可以模拟人工生成会计凭证，从而有效地减少了财务工作中的简单重复劳动，节省了财务人员的时间，使得他们可以更多地关注向价值方向转型。

财务报表自动化的目标是实现财务报表的自动生成，根据财务报表标准设置相应的规则和要求。信息系统自动提取账目数据，并对收集和统计汇总的数据进行处理，从而实现了财务报表的自动生成。财务报表的数据穿透功能是一个重要的特点，它允许用户从报表数据中直接查看原始业务单据影像，实现了业务流与财务流的深度融合，为企业的财务分析和决策提供了更为全面和准确的信息支持。财务数据的信息化存储是财务报表自动化的基础，通过这样的方式，系统可以直接生成符合会计制度要求的各种财务报表，大大提高了报表的准确性和生成效率。值得一提的是，信息系统在满足企业外部审计需要方面也发挥着重要的作用。它能够直接生成各类审计报表，节省了统计数据的时间，避免了手工统计操作可能带来的风险。

2. 对账管理模块

在对账管理模块的设计中，包括业务前端对账和财务数据对账两个关键部分。

业务前端对账主要从业务前端和财务后期数据处理入手。通过智能终端对纸质单据信息进行信息化处理，同时与外部财税和内部电子档案数据进行对接，实现自动化查重处理和税务查询。这一过程有效地节省了财务审批时间，优化了业务流程。

财务数据对账以原始单据数据的信息化转换为基础。通过外部数据接入和传输，将数据转换为财务管理标准，并通过对账系统进行自动化和智能化对账。这样的实时对账方式有效地规避了财务人员操作风险，避免了医院资金风险。

随着新支付方式如支付宝、微信等的出现，支付信息可以实时查询。财务数据对账系统可以实时提取支付平台和医院收费系统数据，从而实现自动化的实时对账。系统还能识别并存储错账信息，并及时提示财务人员进行退费操作。这样，财务人员在查询信息时节省了许多时间，同时确保了患者和医院的资金安全。

（三）第三阶段建设

智慧化财务系统第三阶段作为智慧财务系统的最终阶段，设计目标是利用前两个阶段记录统计的数据辅助医院运营决策，实现医院财务由简单的数据统计分析向多角度、全方位的决策支撑转型，发挥财务管理价值管理和风险管控的职能。

第三阶段的主要内容旨在充分利用大数据技术，以及其他相关技术，积累并处理海量的医院业务数据和财务数据。在此阶段，医院采用数据运营分析工具，例如作业成本法和价值模型诊断，以重点关注医疗资源的价值分析，并优化业务流程，进一步推进医疗资源的有效配置。为确保数据的准确性和稳健性，医院将进行数据校验与风险预警。通过专题分析和定期分析，医院将设定数据风险标准，实施数据校验，并能及时发现潜在风险，以便采取相应措施。

智慧化财务第三阶段的最终目标是实现高度智能化。通过信息技术和人工智能学习能力，医院将能够自主挖掘并分析数据，代替传统人工简单逻辑下的统计分析，实现自动化处理。这将极大地提高数据分析的效率和准确性，使医院管理决策更加科学和精准。同时，智能化的财务分析也有助于提前发现潜在问题和机会，从而更好地规划医院未来的发展方向。总体而言，第三阶段的实施将为医院的财务管理带来革命性的改变，助力医院在日益复杂的医疗环境中保持竞争优势。

三、智慧财务系统的信息系统架构设计

智慧化财务系统旨在通过数据标准化和信息化实现对数据的记录、统计和分析。其成功与否关键在于信息系统平台的设计，这包含数据获取、数据处理、数据访问和决策分析。作为信息系统前端，系统以业务全流程为基础，同时以财务管理标准为控制手段，确保系统运作高效。此外，为方便收集和记录外部数据，智慧化财务系统预留了外部数据接口。

信息系统的设计是由专业软件公司完成的，他们根据医院情况进行了相

应的修改。医院信息部门参考了其他医院构建的业财一体化信息平台，并设计了整体架构和具体应用层信息，划分为四个层次，具体如下。

（一）业务应用层

在智慧财务信息系统中，业务应用层是承接外部数据并管理应用数据输入转换的重要组成部分。其设计旨在成为医院业务流程和财务流程信息化转换的主要平台，以提高医院财务管理的标准化和规范化，确保医院经济活动的合法合规性。在业务应用层中，可视化界面操作、数据采集存储功能以及自动化信息转换手段是不可或缺的元素。报销管理模块作为主要的外部数据接入设计，而核算管理模块则负责将业务数据转换成财务口径数据，使医院能够更高效地处理报销业务，并简化报销与财务数据转换的过程。

业务应用层还涵盖了一系列数据存储功能模块，例如银医直连、票据影像管理和电子档案管理，这些模块有助于有效地存储和管理数据。业务应用层的目标是加强医院报销业务制度，优化报销业务流程，并在信息系统的帮助下将财务职能融入业务流程中，以实现信息化管理。通过智慧化财务系统的应用，医院的业务人员将更好地适应和认同系统，同时提高报销业务的处理效率。

（二）管理应用层

随着新医改各项政策的执行和落实，医院的财务管理正逐渐向全面预算管理和战略成本管理转变。系统必须嵌入全面预算管理体系。从全面管控的目标出发，该系统能够实现预算管理的事前预测、事中控制和事后考核，形成一个全流程闭环的处理模式。这样一来，医院能更加有效地管理财务预算，确保资源的合理配置和使用。系统结合战略成本管理思维。将战略成本管理思维与实际应用相结合，系统通过合同管理模块对业务事项的合规性和合法性进行管控。同时，风险管理模块负责对业务流程中的风险进行全流程管理，进而增强了财务和业务人员的风险意识和控制能力。这样的系统使得医院能够更好地应对潜在的财务和业务风险，降低不必要的损失。

（三）移动应用层

在这个物联网技术为基础的移动应用层设计中，包含了智慧商旅模块和移动审批模块。智慧商旅模块旨在简化医院人员外出培训和差旅等事项的流程。通过整合差旅业务相关企业社会资源，该模块提高了医院人员出行的效率，并降低了差旅报销业务的人工操作风险。移动审批模块是基于手机端App开发的，它将报销业务场景转移到了手机端。这样，审批人员可以利用碎片化时间进行弹性的业务活动，从而显著地提升了医院报销业务的审批效率。此模块还打破了审批业务的时空隔离，减轻了工作场地和工作时间对报销审批的影响。

（四）智能应用层

在追求为医院决策提供多角度、全方位数据支持的目标下，智慧化财务系统着重于将技术与财务相结合，构建一个智能化的应用层。这一层面包含了众多先进技术，其中物联网技术发挥着关键作用。通过将物联网技术与财务信息系统结合，智慧财务系统得以在数据处理方面实现更高的智能化水平。

在智能应用层中，医院建立了信息处理平台，为财务工作引入了智能报账机、财务机器人和银行回单机器人等先进工具。这些技术的运用，使得财务处理自动化程度大幅提升。智能报账机和财务机器人的使用，取代了烦琐的简单重复工作，有效地提高了财务管理效率，也让财务人员从繁重的重复性任务中解放出来，有更多时间投入高价值的决策和管理层面。

智慧化财务系统的优势不仅在于自动化，还在于培养财务人员的管理素养。系统的智能化能力激发了财务人员转型为管理型会计的潜力。通过系统的帮助，财务人员能够专注于发展自己的综合素养，既需要具备专业知识，也需要培养深厚的管理能力。这样的培养将带动医院财务人员整体素质的提升，为医院培养更专业、高素质的财务团队提供了助力。

第四节　医院财务会计智慧化管理的保障措施

一、制度保障

（一）再造财务流程

在智能化财务的财务流程再造中，业务报销工作成为主要关注的焦点。这一环节是业务流与财务流冲突最为集中的地方。为了优化财务流程，系统运行前期可以引入初审岗位。初审岗位的人员承担着重要职责，包括指导职工正确填写单据、仔细查验单据内容和票据粘贴是否规范。在规范原始单据的附件粘贴格式方面，这有助于提高员工的满意度，并降低单据被驳回的概率。通过初审岗位的引入和规范附件粘贴，财务流程将更加高效顺畅，为企业节省时间和资源，提升整体运营效率。

（二）制定章程进行全流程管理

为保证智慧化财务系统的顺利建设，在设计时应制定和完善系统建设阶段的管理制度，并结合医院内控制度建立系统建设过程组织、实施、验收、评价和改善的全流程管理机制，进一步强化系统建设目标，明确系统建设目标、进度和质量。

（三）建设财务反馈机制

在医院实现基本核算与账务处理模块稳定运转之后，应当着重加强财务分析模块的建设。为此，需要完善指标分析体系，以便对预算与实际执行之间的差异进行反馈。同时，必须积极追踪收入与成本，并在信息化基础上推动其智能化，以实现智慧财务系统的升级建设。通过财务分析模块的完善，医院将获得准确、精细、多维度、多元化、实时的经营信息，为业务决策提供有力支持。更重要的是，利用业务大数据进行实时记录和生成精准分析报告，从而深入了解业务运营的各个方面。

二、人员保障

（一）调整财务人员结构

随着简单重复性工作的自动化，财务部门需要进行结构调整。这意味着必要时裁减重复性工作岗位，转向更高级的任务。医院应当着重加强财务人员的培训，从过去单一的核算技能转变为注重培养管理能力。他们需要学习如何分析和解读财务数据，为医院的战略决策提供有力支持。为了应对新的挑战，财务人员需要逐步转向管理会计岗位和数据分析岗位等更具挑战性的职位。这将有助于提升他们的复合能力和适应未来发展的需求。实施财务人员的分流管理是必要的。通过对不合适的员工进行重新定岗，医院可以降低管理成本，使财务团队更加高效运转。这也将有助于释放潜力，让适合新角色的员工得到更好的发展机会。

（二）转变人员观念

智慧化财务的管理模式对医院管理水平的提高起着不可磨灭的作用，因此职工必须转变观念，配合财务人员做好医院整体的智慧化财务系统建设，只有做好此系统、完善此系统，职工才会越来越便利，领导才会作出更有利于医院发展的决策。

三、技术保障

在医院智慧化财务系统的建设和运行顺利方面，医院信息系统的支持至关重要。这包括与智慧化财务信息系统自动无缝对接，以保障数据的统一与交互，成为必备因素。医院的各信息系统需要融合，以实现智慧化财务系统的高效运作。智慧化财务系统需要与人力资源管理系统进行对接，以保持基础人员字典的及时更新，确保财务信息与员工信息的同步与准确性。智慧化财务系统还应与医院预算管理系统对接，从而有效减少人工重复录入数据的次数，提高工作效率，避免数据不一致。智慧化财务系统与合同管理系统对接，能够实现业务报销时合同全流程的覆盖，满足管理要求，避免合同遗漏或信息错误带来的潜在风险。

四、资金保障

智慧化财务系统的构建依赖于智慧化信息系统和多种智能终端设备，它们的价格相对较高且建设周期较长，因此存在资金支付延迟风险。为了有效管理这些资金往来业务，建议采用专项资金的方式。通过根据系统建设进度预估资金结算金额，并提前规划资金，可以确保在系统建设期间有足够的配套支付资金。

五、组织保障

在整个建设期间，医院应该着重强化组织领导。为此，医院成立了建设管理小组，由主管院领导担任组长，全面负责整体筹划和协调工作，以确保系统建设的方向和目标明确。这样的领导层支持是项目成功的基石。医院还需在部门间建立高效的协调与规划机制。职能部门负责人担任副组长，负责制定本部门内部的工作规划，并与其他部门协调合作，以确保系统建设的无缝进行。这种横向的合作保障了系统整体性能的提升。为了确保整个建设过程高效推进，建设管理小组以自上而下的方式推动统一目标。通过层层传导目标和要求，保持各部门之间的协调一致，从而实现系统建设的顺利进行。

为了更好地应对问题和挑战，建设管理小组还建立了自下而上的反馈机制。这样，负责解决具体问题的专人可以及时将困难和进展反馈给上级领导，协调解决方案。

六、安全保障

智慧化财务信息系统在医院中的应用需要与其他信息系统深度链接，以构建一个全面深度的系统网络。在系统设计阶段，医院必须充分考虑信息系统本身的安全性，以避免任何可能的信息泄露风险。为了确保信息系统之间的安全交互，医院可以采用局域网搭载的方式，这样不仅可以避免信息泄露，还可以降低外网入侵的风险。为了满足信息对外传输和领导在手机端审批单据的需求，可以设置 VPN 接口。通过 VPN 的安全加密通道，可以确保信息在传输过程中的安全性，从而防止未经授权的访问和数据篡改。同时，为了保护关键信息的安全，应限制信息传输和审批权限，仅授予授权人员相关权限，以确保信息安全和数据传输的正常运行。

第六章　高校财务会计智慧化管理实践研究

第一节　高校财务管理及内部控制信息化

一、高校财务的成本管理

高校要进行教育成本核算和计量工作，构建教育成本管理运行体系十分必要。通过成本管理，高校不仅可以有效地挖掘内部潜力、优化资源配置，还可以降低成本、提高效益，从而增强高校核心竞争力。建立高等教育成本控制机制，尤其是探讨在高校经营下的成本控制与成本控制的基本规范，对于高校管理的意义深远。高校成本管理的目的有三个：①选择成本效益管理基本路径；②走出财务困境；③构建地方高校成本效益管理新模式。

（一）高校财务成本核算

成本核算是成本控制的基础，是实现成本补偿、促进成本分担比例科学合理的先决条件，也是高等教育各投资主体了解投资效益的重要途径。由于教育是一种公共产品，教育产品的效益具有间接性、隐含性、社会性等特点，教育投入不能简单地从教育活动中直接取得，教育成本也不能直接得以补偿；因而，作为非营利组织的高校，既不需要计算盈亏，也不需要核算教育成本。高校的这一特性使得教育成本核算理论与实践的发展受到了很大限制。

高校教育成本核算一直停留在理论探讨阶段，实践应用极少。但是随着环境的变化，教育制度的变迁，教育观念的改变，包括高校管理者在内的各教育投资主体对成本信息的了解有了前所未有的需求，他们需要更科学、更准确、更相关的成本信息。为了满足人们对成本信息的需求，高校财务必须由不提供成本信息转变为提供科学而准确的成本信息，这就需要运用科学合理的成本核算计量技术方法。

1. 教育成本的构成及特征

成本是在生产和经营的各项经济活动过程中发生的，它是商品价值的重要组成部分，是为达到特定目的而耗费或放弃的人力、物力和财力资源的货币表现及其对象化。成本可以分为直接成本和间接成本，直接成本可以与特定的对象联系起来，可以进行成本追溯，即将直接成本分派到特定的对象的过程；间接成本是指与特定成本对象相关联，但不能以特定经济对象进行成本追溯，只能在相关成本对象间进行成本分配。

教育是一种特殊的经济活动。教育成本是教育经济学的一个重要组成部分。人们对教育成本的概念表达各不相同，但在本质内涵上基本达成了共识，即教育成本的实质是教育资源耗费的价值表现，也可以称之为教育活动所耗费的物化活动和活劳动的总和。它包括以货币形式实际支出的教育资源价值，也包括这些资源因用于教育而损失的非教育用途所取得的经济价值即机会成本。根据教育成本的本质可以知道，高等教育成本有广义和狭义之分。

广义的高等教育成本是指培养一位高等学校学生，国家、社会和家庭在一定时期（一年或一个周期）内所耗费的全部费用，包括学校用于培养高等学校学生所支出的费用，即教学支出、教学辅助支出、后勤维护支出等；学校因培养学生占用资源用于非教学的机会成本；学生及学生家庭用于学生的学杂费、学费，学习期间的食宿费、交通费、学习用品等所支付的费用；学生个人因受教育而放弃的收入（机会成本），学生因接受高等教育而不参加生产劳动，个人就业时间缩短而减少的那部分收入；社会损失的劳动生产力和国民收入。

狭义的高等教育成本仅指高等学校或其他高等教育机构在一定时期内用于培养学生所耗费的可以用货币计量的教育资源的价值，它不包括社会和个人投资于高等教育而丧失的机会成本。这里所说的狭义高等教育成本也就是高等学校教育成本。由此可以看出，高等学校教育成本是高等教育成本中的一个子概念。

教育活动是一种特殊产品的生产过程和资源耗费过程，教育活动生产出来的“商品”的特点决定了教育成本的特殊性。教育成本与企业的产品生产成本概念有着明显差异，具有特殊的内涵。

（1）教育成本的构成。教育成本就经济方面来讲，指的是高校在培育学生的过程中所花费的成本，其中既包括物质劳动，也包括人力劳动，其直接表现是政府及学生家庭在学生的学习过程中所花费的资金。不过，并非全部花费于学校的资金都属于教育成本，而是只有直接用来教育学生的资金、能够用货币计量的形式计算的资金，才属于教育成本。一般来说，教育成本可以分为三个部分：①培养成本，指的是高校在培育学生的过程中所耗费的所有资金及资源；②增量成本，指的是学生因为到高校就读而造成的生活费用的增加部分；③机会成本，指的是学生由于在高校接受教育而延迟进入社会工作的时间所造成的机会成本。

（2）教育成本的特征。

第一，教育成本补偿的间接性。企业在计算产品价值时，将其成本计为原材料、技术及人力成本的总和。当企业将产品成功销售到消费者或经销商手里之后，其获取的销售收入减去产品成本，剩余的资金即企业生产该产品所获得的利润。所以，物质产品的成本能够通过将其销售到市场而得到补偿。而相比于物质产品，教育成本的补偿则因其自身的公共性要间接得多。学生接受教育给高校缴纳的学费只占高校教育成本的一部分，不足以补偿高校在培育学生方面的全部成本。教育成本的补偿并非实时发生，而是要在学生学有所成踏入社会之后，通过参加工作而进行补偿。所以，高校教育成本一方面不能以提高学费的方式得到补偿，另一方面也不能以通过“出卖”毕业生的方式收回。因此，高校教育成本要政府通过拨款的形式给予一定的补偿。

第二，单位教育成本的递增性。企业在生产产品的过程中，伴随着生产技术的进步与管理水平的提高，单位产品的生产成本会逐渐降低。与之相反，高校教育成本会一直处于上升的趋势。造成上述问题的原因是多方面的，但主要是受资金来源、人才培养质量要求、现代科技运用等因素影响。与企业追求单位产品成本最小化不同，高校在开展教育的过程中不能单纯地把降低成本当成最终追求。与之相反，适当增加教育成本才能保证教学质量与教育水平的不断提升。高校为了追求更加卓越的教学成绩、更加良好的口碑、更加深远的教育影响，其需要不可计数的资金，资金越高越接近高校的目标，否则永远不能满足其目标。

第三，教育成本水平的限定性。在激烈的行业竞争中，企业为了取得竞争优势，会尽量将同类产品的成本压低。高等教育输往社会之中的“产品”是有独立思想与人格的“人才”，教育的目的是培养人，为人才输入专业的知识与技能，以及道德素养，这使得高等教育与企业生产之间出现了本质上的不同。与企业生产商品一味追求经济利益的目的相比，高校在教育上还要追求教育最终能够实现的社会溢出效应。因此，教育成本具有一定的限定性，不是越低越好，而是有一定的区间限制，采取企业单纯追求产品成本降低的做法是不合适的。高校教育成本过高，意味着高校在开展教育的过程中可能有一些资金浪费的情况，不利于高校未来长远的发展；高校教育成本过低，意味着教育资金不足或紧张，可能会在一定程度上降低高校的教育质量，最终影响高校的口碑与形象。

第四，教育成本性质的特殊性。由于高等教育资源共享程度高，投入具有综合性，因此需要的直接费用较少，需要的间接费用较多。企业生产物质产品时，其成本基本是可以直接计算的。而高校教育成本则不同，教育活动协作性强，各项教育资源的共享程度高。由于共同性费用多，使得高校教育成本的核算复杂化，分配方法的选择，分配标准的确定都会影响成本核算的准确性。

第五，教育成本效益的长期性和成本补偿的间接性。高校资金投入与耗费具有不能立见功效的特点。教育周期的长期性决定了教育成本时间的不配合性，即教育投资效益的迟效性和长效性。学生毕业踏入社会工作之后，才能发挥出高校教育的最终效益，而这一过程也需要经历很长一段时间。一般学生在工作 10 ~ 15 年之后，才能充分地发挥出在高校所接受的教育的效能。与教育相比，企业生产物质产品的成本，在相对较短的时间内就可以实现效益。根据相关统计结果，教育经济学家得出，教育成本回收时间相对较长，并且补偿具有间接性，然而相比于企业产品，教育投资却能获得较大的效益，以及最终取得加倍的补偿，并且教育投资所产生的效益具有持续而稳定的特征。

第六，教育成本确认的困难性。教育成本确认的困难性主要表现在两个方面：①高校教育成本范围的界定未能统一，高校教育成本中究竟哪些费用支出应该包含在成本费用中，哪些支出不应包含在成本费用中，学术界没有达成共识；②一些计入高校教育成本的费用支出金额存在不确定性。高校教育成本中所包含的项目，大部分能界定出准确的数额，但有一部分费用支出要准确界定是相当困难的。例如，高校的科研具有双重功能，既是为培养学生而进行的必要研究，也是为社会研究应用型问题所进行的科研，其成本支出与培养学生相关性较小。教育成本中所含的科研支出比例应根据实际工作中出现的具体问题展开研究。

2. 高校教育成本的核算

高等教育成本核算就是利用一定的技术手段和方法，对高等教育运行过程中各种费用的发生和成本的形成进行核算，以此确定在人才培养过程中用于一定人才对象的劳动价值耗费的总和。高等教育成本核算包括两个基本环节：一是按照规定的成本开支范围，对各项费用进行汇集，计算出为培养学生而支付的实际发生额；二是根据成本核算对象，采用适当的方法计算出高校教育总成本和生均教育成本。

高校教育本身是一项产业运作，因此必然要进行成本核算，这是高校在政府及市场双重作用下不可避免的一环。因为高校自身的产业经济属性，为了实现更好的运营与管理，高校应该在教育活动开展过程中引入经营管理理念，效仿企业经营过程，深入地分析市场、投入产出、成本核算与补偿等，以此来推动高校不断地提升管理效益。高校作为以人才培养为中心的事业单位，与企业生产产品的过程存在一定的差异，然而两者的共同之处在于同样存在投入和产出，需要消耗大量资源。因而，在市场经济条件下进行高校教育成本核算，对微观办学和宏观教育管理都具有十分重要的意义。

高等教育成本核算的基础，是指通过会计核算方法来计算成本所采用的记账基础。会计核算基础具体有四种，即完全的应收制、修正的应收制、完全的实收制和修正的实收制。从我国目前高校的实际情况来看，以修正的实收制为核算基础较适宜。

高等教育的根本目的并非盈利，而是为社会培养并输送大量的高素质、专业技能较强的人才，其运作与管理过程中所需的资金离不开政府的补助与支持。要准确地掌握部门预算的实际去向，了解教育经费的使用明细，需要通过高校会计核算来得出结果。所以，高等学校当前采用的是会计核算收付实现制，在会计科目的设置上与政府预算收支科目保持一定的对应关系，与我国公共财政预算管理制度相适应，可以准确真实地反映出预算的使用情况，便于高校领导与相关监督人员查看。

（二）高校财务成本控制

高等教育成本管理是高校有意识地进行成本控制的一系列活动和过程，旨在实现成本目标。其主要目的是控制教育成本，提高教育经费的效率，以确保高校能够在财务上支持培养更多高素质、优秀的人才。教育成本管理是在学校经济运行过程中，通过对教育成本采取预测、计划、核算、控制和评估等一系列措施，以求达到用最合理的人力、物资、资金配置和耗费谋求最大社会效益和经济效益的一种管理方法。其中，成本控制是学校经济控制的基础，是现代成本管理的核心，应贯穿经济业务的全过程。在成本控制中，应以制度控制为切入点，以院、系或部门为成本责任中心，通过对责任中心可控成本全过程的约束、调节和及时修正，保证成本计划的完成。

1. 高校成本控制的内容

一般认为，高等教育成本控制可以理解为：高校管理者通过预算等手段对教育成本进行规划、调节，并使其实际按照预期的方向发展，以保证教学、科研和管理活动的正常进行，保障学生的切身经济利益的过程。如果教育成本控制得好，就可以使高校的每一分钱都物尽其用，使高校的资金运转井然有序、事半功倍。高等教育成本控制是一项系统工程。高等教育成本控制的内容大体分为以下三个部分：

（1）事前成本控制。事前成本控制也称“成本计划控制”，即科学地制订目标成本计划，力求对运行结果通过预算手段实行目标管理。成本计划的基础是成本预测，即根据学校的办学目标和实际条件及有关历史资料，采用科学的方法对各项目的成本进行预测，以此为编制成本计划提供依据。成本计划的主要内容实质上是人力、财力和物力的优化配置。

（2）事中成本控制。为确保目标的实现，在成本管理中还要重视教育运行过程中的成本控制，让成本管理渗透每一个运行过程，即要做好事中成本控制。常用的方法有四种：①计划分解，也就是将成本控制的标准分解到各部门、岗位和各阶段、环节，让部门领导和教职工都明确意义，并使成本管理与切身利益挂钩；②事中分析，如日报、旬报及月报成本分析等；③日常检查；④日常信息沟通。

（3）事后成本控制。事后成本控制即通过成本会计核算对财务报表及其他渠道形成的信息，运用成本分析法，定期（一般是会计年度终了后）或定项（一般是项目验收交付后）进行综合分析、评价和考核，以总结经验、发现问题，并找出原因和提出控制措施。控制措施，主要是针对执行结果与计划的偏差提出的。根据偏差的大小和控制能力，控制措施常划分为以下两种：一种是通过改变预定目标来控制偏差；另一种是通过适当改变投入的标准、质量和数量，以及人、财、物、信息和系统结构等来提高系统控制力，使其尽快满足目标成本要求。

2. 高校成本控制的原则

（1）重人才培养质量。对高校实行成本控制，归根结底是为了将高校资金更加集中地用于人才的培养与教育方面。高等教育实施成本控制，不能舍本逐末，一味追求成本的紧缩而降低人才教育的数量与质量。相反地，高校要适当控制行政成本及其他额外费用，以将资金更加集中地用于提升教育教学质量，提升向社会输送人才的整体素质。这样才能真正实现教育成本控制的目的，才能保证高等教育中教育质量的不断提升。

（2）全面成本管理。要培养高校师生的成本节约意识，减少教育活动开展过程中不必要的开支与浪费，提升教育成本使用效益。这项活动不是某个部门、某个人需要注意的事情，而是关系到高等教育各个部门与全体人员的事情，只有提高每个环节的成本效益，最终才能实现教育成本整体效益的提升。为了达到上述目的，高校应设立分级归口管理，安排专人负责各项目的成本管理，并按业务分类归口到有关职能部门，建立教育成本管理体系，推行教育成本管理责任制，从纵向和横向把好成本管理关，提高成本利用率。

（3）效益最优。高等教育成本控制必须坚持社会效益和经济效益相结合。高等教育成本控制，要从实现经济效益出发，最终实现高校社会效益的最优化，使我国高校实现可持续发展。

（4）例外管理。例外管理是西方国家的企业在管理控制中普遍采用的一种方法。高等教育成本控制要引入例外管理方法，使成本控制详略得当、有所侧重，应首先解决高等教育成本中的“例外”问题，如果事无巨细、按部就班，势必造成管理的低效率。

3. 高校成本控制的方法

成本控制方法是实现成本的重要手段，是完成成本控制任务和达到成本控制目的而采取的措施。不同的成本管理阶段，如果面临相同的或类似的问题，所采用的成本控制方法就有可能不一样；在同一个阶段，如果遇到不同的成本对象或出于不同的管理要求，成本控制方法也会不尽相同。因此，如何选择一种适宜的方法来强化成本控制，使得成本控制更具有全面性、及时性，进而满足成本信息使用者的需求，就成为成本控制的重要目标。成本控制主要有以下方法：

（1）构建成本整体框架，设置科学合理的控制环节。

（2）建立成本控制权责管理体系，确定行之有效的岗位制度。

（3）完善成本控制专项监督机制，实现定向的目标。

4. 高校成本控制的要素

同企业成本控制一样，高校成本控制既是高等学校内部控制的内容之一，也是高等教育管理体系的有机组成部分。鉴于高等学校是一类具有特殊运行规律和管理需求的组织，因此，应当在构建其内部控制系统和设置内部控制要素时，基于《企业内部控制基本规范》的基本思路，充分结合高等教育的特色，体现教育事业发展的规律和要求。高校成本控制要素主要如下：

（1）事业活动和控制。事业活动的成本预算，是由每个作业中心单独的成本预算所组成，反映该作业中心为开展一定的事业活动所消耗的资源。事业活动的支出管理，是把握事业活动成本是否按照批准的成本预算执行的关键。

（2）控制环境。成本控制系统是由高等学校内部的一些部门（或作业中心，以下简称“作业中心”）组成的，通过设定成本控制目标，并采取一系列控制方法和措施，对各部门发生的实际成本的目标的偏差进行调整，使得高校成本符合预期的管理系统。成本控制机制的建设是有效实施成本控制的基础，成本控制机制建设关键在于：①建立不同作业中心之间的沟通协调和联动机制；②建立成本控制的决策、执行和监督的有效分离机制；③建立成本控制的决策机制、岗位责任制、内部监督机制。成本制度的完善，机制的建立健全离不开管理制度的制定与完善。

（3）信息沟通和监控。信息沟通和监控是有效实施高校成本控制的有力手段，使得整个成本控制系统的信息能够及时传递和交换，适时提出增补、修改、调整、废止等管理建议。

5. 高校成本控制的规范

教育成本控制基本规范作为教育成本控制管理行为的基本标准，是对教育成本控制管理人员和教育成本信息处理具有约束、评价和指导作用的一系列基本标准。虽然高校成本控制具有企业财务成本管理的部分共性，但是一般认为，高等教育成本管理基本规范的特殊性源于教育具有特定的经济效益及社会效益。地方高校成本控制基本规范也就不可能完全按照企业财务成本管理模式去制定和运行。更确切地说，高校成本控制基本规范的特点更多地体现在教育产品的特殊性。

实现教育成本信息生产的标准化与解决教育成本信息失真问题是确立教

育成本管理基本规范的主要作用和重要意义。成本控制基本规范是高校实施成本核算、成本评价的依据。对高校成本执行结果的评价，都要求在全社会范围内对成本管理工作的质量得出结论。

二、高校财务的绩效管理

（一）整体计划控制

1. 计划控制的设计原则

为了使高校能够取得良好的工作成效，最重要的任务就是明确总目标和一定时期的目标，使每个人明确组织期望他们去完成的目标及其实现目标的方法，这就是人们常说的计划职能。无论是一个高校整体，还是高校所属的各个部门都有其未来行动方针的许多可供抉择的方案，计划工作就是从中选取最适宜的方案，即要为高校及其部门选定目标并确定实现目标的方法。因此，计划工作的实质是选择，只有在出现需要选择的行动方针时，才会产生计划问题。计划也就是要作出决策，计划就是预先决定要去做什么、如何做、何时做和由谁做。计划可以使那些本来不一定发生的事情变得有可能发生。

虽然准确地计划未来是不太可能的事，因为人们无法控制不可控因素的干扰，但是如果不去做计划，许多事情只能听之任之，管理工作就会变得毫无头绪；如果计划工作做得不好，几天之内就会出现差错。任何高校都会受到经济、技术、社会和政治等外部条件的影响或冲击。变革和经济发展虽然给地方高校带来了机会，但是也带来了风险，计划和其他管理职能一样，已成为地方高校生存的必要条件，其任务也就是在利用机会的同时，使风险降到最低。

计划工作可以促使高校把注意力集中在目标上，并致力于实现目标：计划工作具有预先性，可以弥补情况变化和不确定性带来的问题；计划工作还具有领先性，它为其他管理行为提供了基础，指明了出发点；计划工作把高校所有人员的活动纳入控制之中，具有控制作用；制订计划工作对于高校提高工作效率、实现经营上的经济合理性具有积极的影响。要想使计划工作能充分发挥其功能，根据现代计划发展新趋势，计划控制设计应遵循以下原则：

（1）选择正确的设计程序。计划设计程序由两种不同的思想决定：①保守的导向；②前进的导向。以教学部门的活动作为整个地方高校活动的指导中心，即为保守的导向。这种思想适宜于竞争不激烈或根本无竞争的教学环境，可以把全部精神和时间集中在教学、科研上。

（2）重视中长期计划编制。传统的计划，以一年为一期的年度计划为主要内容，不注意建立目标和进行长远规划，往往导致地方高校只了解近期行为，而不了解未来发展，过一年算一年。计划既然包括任何一种未来的行动方针，就应该拉长计划时间，否则难以进行发展控制和目标控制。目标性计划分为永久计划和长期计划两种。高校某种目标具有永久的指导作用，没有确定的止境及数量标准可供衡量，如高校的创建目标、基本的使命等即为永久性计划。高校设立的未来 8 ~ 12 年（甚至 20 年）的全面努力目标，即为长期计划。这类目标计划也只规定粗略的目标数字，而无具体的实施手段和措施。目标性计划适应高校进行长远控制、经营方向的控制，有助于克服高校的短期行为。

高校设立的未来 4 ~ 8 年内各部门努力发展的目标及战略，称为中期计划。中期计划主要用以执行长期计划，有助于长期目标的贯彻与逐步实现，所以也称发展计划。

高校设立的一年内应完成的目标，即为短期计划或年度计划。它主要用以实施中期计划的目标及战略。短期计划除年度计划外，还应包括高校产销部门制订的半年计划、季度计划、月份计划及每周进度安排等。这类详细计划不应只含有金额收支数字，最重要的是应该有工作目标、方法、进度、负责人和经费预算等实质内容。

从本质上讲，任何计划过程的结果，都在于建立某种形式的目标。高校各层次主管参与计划过程，既制订短期计划，又设立长期计划与中期计划，其目的是形成一套上下、远近相互关联的目标体系。长期目标表明与制约着高校奋斗目标，中、短期目标是长期目标的分解与落实。高校上层主管的目标和手段，制约着中层、下层的目标和手段，中层、下层的目标总是上一层次的手段之一，这样层层相连，就形成了完整的目标手段链，否则就谈不上目标控制。良好的目标体系，应具体规定项目名称、数量水平、绩效衡量标准和完成时限等。

（3）构建整体的计划预算制度。只有充分认识计划的多样性，才能编制出有效的计划，才能建立“策划、规划、预算”制度，以贯彻整体性、系统性目标管理精神。整体计划预算制度主要包括以下五个过程：

第一，策划。主要指对目标、方针、政策的斟酌考虑。

第二，规划。以确定贯彻目标、方针、政策的执行方案。

第三，预算。在策划、规划基础上进行详细的经费预算。

第四，注意授权管理的加强。计划要有利于最高主管把握决策权，经由“责任中心”体制，分别授予各级主管，使其可能有效地发挥策划、执行、控制的机能。例如，把用人、用钱、工作等权力，分别授予利润中心、成本中心与工作中心等，以利于进行利润控制、成本控制、工作量与进度控制。凡造成失控达不到目标者，应追究其应负的责任。

第五，构建信息系统。决策的制定，有赖于充分、正确与及时的信息。因此，进行计划工作，必须注重相应的信息系统的建立与管理。信息系统的管理工作有利于获取高校外部与内部的各种信息。高校需要从外部获得政治、法律、经济、技术、金融机构及投资者等方面的信息，也需要从高校内部获得教学、人事、财务、研究发展等方面的信息。

2. 计划控制的设计要素

（1）目标。目的或目标不同于希望，它们产生于严密而具体的思维，并使人员和组织为了实现它们而努力。目标的实现程度应当可以验证。目标能起到激励作用，并把个人的工作积极性引导到部门和高校的改善管理中，以提高经济效益和社会效益。任何管理者最基本的责任应该是保证组织有一个把个人、部门和高校目标结合在一起的目标网。这个目标网应既有总目标又有具体目标。

任何地方高校都有一个社会赋予它们的基本职能和任务，这就是设立高校总目标与使命的依据。为了系统地阐述高校一定时期应达到的有意义的目标，就必须明确它的总目标或使命。但是不少高校对自己的使命往往是模糊不清的，一时很难回答。要确定一个高校的总目标或使命，应确定高校的服务对象，了解服务对象的期望和要求，以及满足服务对象的需要，逐渐明确高校自己的使命。地方高校的一般使命或总目标是赚取利润，因此就要有利润的基本目标，要实现这种目标，必须从事各种活动、逐步明确方法、实现各种具体目标和完成具体任务。

高校的教学活动旨在实现一定时期的总体目标和各项具体目标。这些目标不仅是计划工作的最终目标，也是各项组织工作、人员配备、领导工作和控制活动所要达成的结果。高校一定时期的目标构成了高校的基本计划。一定时期的目标或各项具体目标一定要根据高校的总目标、教学状况和教学环境来决定，而不是表现为某个具体的质量目标、数量目标。

目标具有等级层次性，由总目标或使命、一定时期的全部目标、专业性的全部目标、所属高校的目标、部门目标及个人目标组成；目标具有网络性，一个高校的所有目标是相互联系、相互支持的；目标还具有多样性，无论哪一层次的目标都是多种多样的。

设计目标有两种方法，即传统方法与目标管理法。传统方法是由上级决定目标，并把它强加给下属，这种方法可能会引起下属的不满，也不能充分发挥下属的才智能力，存在着严重的弊端。目标管理法，是让下级在上级确定的范围内建立目标，如上级提供范围，下级就目标提出建议，上下级取得一致意见后，制定目标，下属对自己的工作进行计划和控制。目标管理过程包括先确定最高主管部门的目标、明确组织机构的目标、确定下属人员的目标等。目标管理法有利于管理工作水平的提高，有利于明确组织机构的作用与状况，能诱发人们对自己的工作成效控制承担责任，能使计划工作更加有效，有助于开展有效的控制工作。目标管理的评价方法、激励方法、系统方法及长远看问题的方法，在管理中得到广泛应用。

（2）策略。策略或战略是一种军事术语，含有一种对抗的意思，是现在普遍用来反映地方高校教学、科研的一种概念。地方高校管理上的策略是把高校置于有利的环境之中，做出最基本的和具有深远意义的计划，意指为全面实现目标而部署的工作重点和资源利用的方法。策略既包含目标、政策，也包含教学计划。策略的总目标就是通过一系列的主要目标和政策来决定和说明所设想的高校状况。策略指明了一个统一的方向、重点的部署和资源安排，但不确切说明如何实现目标，主要是针对高校的经营思想和行动而言的。策略具有的控制作用不仅在于它能够根据高校的弱点与力量制定出解除外部威胁与抓住机会的对策，还在于它是最高管理部门的职责，是一种对各级都有制约作用的精神。同时，还在于策略是一种长期观点，而不是短期行为。

（3）政策。政策也是一种计划，主要表现在计划中的文字说明，以此沟通或指导决策工作中的思想和行动。所以有人说政策是决策的指导方针，一种政策反映一种目标并指导管理者和职工通过思考与判断接近目标。政策的范围包括制定政策、保证政策和目标的一致性、促成目标实现。政策有助于将一些问题的处理方式先确定下来，使不同的人面对同样的问题选择相同的处理方法，并给其他计划提供一个全局性的概貌，从而有利于管理者控制全局。政策的规定有利于缩小决策的范围，限定了决策的幅度。政策层次与机构设置层次相适应，如有高校政策、部门政策及基层的小政策。政策也往往和某一机构职能相关，如财务政策就与财务职能相关。

一个高校有多种多样的政策，如有招工政策、提拔政策、奖励政策、职称政策、奖励政策等。所有政策一般可以分为明确的政策和含蓄的政策两类。以书面的或口头的作出规定，即为明确的政策，它向决策者提供了选择方案的依据。如把政策寓于既定模式的决策之中，并不写出或说出，即为含蓄的政策。有人把政策理解为规划，这是错误的。因为任何政策都是鼓励自由处置问题和进取精神的一种手段，它虽然有一定的限度，但也有一定的弹性，它只是决策时考虑问题的指南，而不是规则。此外，政策既然是为了促使目标的实现，就应当具有一贯性和完整性。这就需要尽量使高校各项政策有明文规定，减少政策制定的主体，并尽量做出统一解释以助于控制政策。

（4）计划。制订教学计划包括做出具体的安排以及完成由策略计划确定的目标和政策。教学计划确定了为实现目标的方法、财力和时间。教学计划是策略计划的产物，是一种为了在一定时间内达到某些特定目标，在考虑有关的环境之后所采取的手段。教学计划应详细地反映出计划内容，计划何时、何地执行，如何执行和何人执行等。综合性计划也称规划，主要包括为实施既定方针所必需的目标、政策、程序、规划、任务委派、所采取的步骤、使用的资源、时间等。

（5）决策。决策渗入全部管理机能和过程，它是从体现某种工作方针的各个抉择方案中进行选择，是计划工作的核心部分。只有拟定了决策，才能说有了计划，决策是管理者的中心任务，决策实质上就是解决问题。合理思考和决定问题就是解决问题。如某些事情发生了，它需要回答，某些事情应该得到更好的处理，或者应该做些新的事情等，这都需要解决问题。

进行决策，首要的是提出问题与确定诊断问题，为了更好地把握现实，一般应进行系统思维来确定问题。在假设条件与获得事实阶段，理应获得全部事实，更主要的是要获得有选择的关键事实，这样的事实事关问题的关键，也就是能够决定成败的问题。当人们充分了解事实以后，头脑中就已经形成了一种或几种解决问题的方案，事实掌握得越多，解决方案的数目也就越多，但人们必须通过研究和判断，借以发现各方案的限定因素或战略因素，以利于进一步评价方案。选出一些决策方案后，就应对其进行评价，然后再从中选出一个（有时是多个）最有利于达成目标的方案，这是决策的最后一步，也是关键的一步。评价工作既要考虑定量因素，如各种固定费用、流动费用等，还要考虑定性因素，即那些无形的从而无法定量的因素，如劳资关系的特点、技术变革的风险、政治气候变化等，在比较方案中，理应对数量和质量因素同样重视。评价方案时，要进行边际分析、费用效果分析，要反复权衡；每一种方案对实现目标有多少贡献，是否符合高校既定的决策；每一种方案实施起来花费大不大，费用和收益相比的结果如何；怎样才能贯彻得更好等。

选取方案时，应从三方面充分考虑：①经验。要认真地总结过去的经验，正确地对待经验，把经验作为分析问题的基础，而不能仅凭个人经验作为未来行动的指导。②实验。对准备选取的方案要进行实验，并仔细观察它们所发生的结果，然后加以确定。③研究和分析。首先应了解问题本身，对影响每个方案实施的关键变量、限定因素、前提条件及相互之间的关系进行研究；其次要把每个方案分解成有待研究的组成部分和各种定量与不可定量的影响因素；最后加以详细地推敲，如使用持平法、报酬矩阵、决策树、存货决策分析、线性规划、排队理论等定量分析方法。研究和分析方法的一个主要特点是拟出一个模拟问题的模式，以便于在执行中对照检查。

（二）行政领导控制

1. 授权控制设置

任何高校不能由校长一人独揽，必须进行工作责任委派，这就产生了授权。授权就是由上级主管或权力者授予下属一定的责任与事权，使之在其监督下得以自主地处理与行动。授权者对被授权者保持有指挥与监督的权力；被授权者对授权者负有报告与完成的责任。

从本质上看，授权只是把决策权分给部属，但不是分散决策责任；相反，是权力下移而责任向上集中。授权不授责，授权留责，更不能只授责不授权，否则会导致主管推脱责任或揽功自居。授权控制的主要功能：减少主管工作负担，把他们从繁杂的事务中解脱出来，以利于思考和解决重大问题；改进人事行政，增强下属责任心，提高情绪与工作效率；发挥下属的专长，补救主管的缺点；在管理实践中培养干部，增进下属的学识、经验与技能，以利于人才储备。

以正式或非正式的方式授予下属用钱的权力；以明文或非明文的方式授予下属增人与选用的权力；以工作说明书的方式，授予下属进行例行工作的权利，而不必事事请示或等批准。授权的时间应根据具体情况而定。如果一个高校在遇到高级人员空缺，在职人员力不从心，有人兼任多个要职，机关工作决定权限于极少数人手中，工作人员缺乏主动性和积极性等，均要进行必要的授权。如果高校主管人员感觉到计划及研究时间紧迫，办公时间经常处理例外公事，工作时经常被下属请示打搅，也需要进行必要的授权。

授权应以被授权者的能力强弱及知识水平高低为依据，因事选人，视能授权；授权前必须做充分的研究与准备，力求将责任与事权授予最合适的人员。要根据明确的隶属关系进行授权，不得越级授权；要明确授予权责，具体规定其目标、范围；要进行适当控制，以免造成授权过度与不足，并规定考核与检查成效办法，建立适当的报告制度；要量力授权，应根据下属能力的高低来决定授权，不可机械与硬性授权；校长要保留权责，过度授权等于放弃权力，某些权责校长理应保留；要相互信赖，授权者与被授权者应相互信赖，主管不得干涉下属的单独决定，下属应竭力办好权责范围内的事，不要事事请示，也不得越权行事；要适时授权，授权理应遵循一定的原则，但并非一成不变，授权必须视地方高校业务所处的实际情况来决定。授权不仅是科学也是艺术，因此也要注意授权技巧，如集中精神处理管理责任、依工作性质分派各人员执行、使下属有自由裁量权而仍能控制自如、使用正式任务命令书方式等。

2. 激励机制设置

高校管理人员的首要任务是创造和保持一种有利环境，促使人们发挥作用，帮助高校或部门完成其组织任务与目标。任何组织都要有一定的激励机制去激励人们工作。人的一切行为的基本要素是活动，其中包括体力活动和智力活动，而且人的一切活动都是有目的、有动机的活动。动机是一种能够提供精神力、活力或动力，并能够指导或引导行为达到目的的内心状态。激励是可运用于动力、期望、需要、祝愿以及其他类似力量的整个类别。上级激励下级，是指他们在促进、期望和诱导其下级按照所希望的行为行动。

激励因素就是那些能刺激一个人做出成绩来的因素，主要包括物质与精神激励两方面，如高薪、头衔等。激励因素就是能影响个人行为的某种东西，它对一个人愿意做什么的取舍有重大影响。人们的需要分为两类：一是维持因素，不起激励作用，但非有不可，如高校政策、行政管理、监督、工作条件、人际关系、薪金、地位、职业安定、个人生活等；二是职务内容因素，它是真正的激励因素，如成就、赞许、晋升、工作富有挑战性和在工作中成长等。有关激励的理论有奖惩理论、期望理论、需要即激励理论等。奖惩理论主要是指运用奖、惩两种办法来诱导人们按所要求的那样行动，虽然是一种传统的手法，但至今仍旧有效。期望理论的内容：人们受到激励去做某些事情，以实现某些目标——只要这些行动是在他们期望有助于达到目标的范围之内。

需要即激励理论认为，人有三类具有激励作用的基本需要，如权力需要、归属需要和成就需要，根据这些需要，激励主管人员的重要因素有工作的挑战性、地位、取得领导身份的强烈愿望、竞争的鞭策、恐惧与物质等。根据现代管理的需要，激励的方法与手段主要有合理的报酬、正强化、职工参与管理、工作内容的丰富化等。报酬无论在什么时候都是一种有效的激励手段，根据人们的工作成就给予合理的报酬，有利于调动人的积极性。

使工作内容丰富化，同样是一种有效的激励手段，它强调工作具有挑战性和富有意义，消除重复操作的乏味感。其主要做法是把更高的挑战性、重要性和成就感体现在职务之中，如给予教师在决定工作方法、工作程序和工作速度方面更多的自由；鼓励下级参与管理和教职工之间的交往；使教职工对自己的工作有个人责任感；使下级能看到自己的贡献，反馈给他们工作的完成情况；让教职工参加分析和改变工作的物质环境等。究竟采取何种激励手段：应采取随机制宜的方法，考虑多种变量或因素来建立随机制宜的激励系统。

另外，人们的工作除了获得报酬的需要外，还需要从工作中获得成就感和安全感。上级采用的激励手法主要有：劝说、奖励，不要发号施令；不要事事都做指示，让下级自己做决定；适当授权；为下级设立明确的奋斗目标，而不要事事指教；关心下级，倾听下级意见；信守诺言，并采取行动；分配给下级的工作要连贯，不要经常中途变卦；注意事前检视，防患于未然；设立简单的规范让下级遵守；下级即便有错也要心平气和地批评；要计划未来，以激励下级努力；要有信任感，避免轻率地作出判断；适当地奖励下级；让下级和睦相处，但不能拉帮结伙。值得提出的是，领导者在进行奖励与惩罚时一定要公正，绝不能搞平均奖、轮流奖、倒挂奖、人情奖、固定奖、花样奖、红包奖等，以防止出现懒惰心理、退缩心理、多占心理、赌气心理、对立心理、懈怠心理、投机心理、离心心理等消极因素。

3. 领导控制设置

有效的领导必须了解职工的需要，哪些是有效的激励因素，以及如何发挥其作用。如果把这些认识贯穿于管理活动之中，领导的职能作用就能得到更好的发挥。任何领导行为都要合情合理，以适应员工心理及情绪上的需要，奖励应多于惩罚，引导应多于禁止，更不能强调“乱世用重典”；任何领导行为事前均应做周密的计划，一切问题都在所想之中，使员工找不到推诿的借口，工作优劣即可评定，工作动态在掌握之中；任何领导行为都要体现出领导者公正无私、平等待人，而不能以有权、有技术自持。任何领导者的成效主要取决于个人品质、领导方法及对环境适应三方面的因素。

对于领导者和非领导者在个人品质上的区别，有很多不同的观点：①具有完成任务、取得成就的强烈愿望和责任心；②有追求目标的干劲和韧性；③有解决问题的智力、才能、创造性和冒险精神；④有开拓精神和自信心；⑤有决断和敢于负责的精神；⑥善于处理和调解人与人之间的紧张关系；⑦能忍受挫折和失败；⑧有影响他人行为的能力和社交能力；⑨能尊重、关心和信任他人等。

领导者的个人品质，有的能适应所有的环境，有的则只能适应有限的环境。根据我国地方高校领导者所处地位及应发挥的作用，他们应该具有以下10方面的素质：①坚定的政治方向，应有的社会责任，讲究社会效益；②创新意识，以适应商品激烈竞争的需要；③清醒的战略头脑，有超前意识，既要有战略目标又要有战略步骤，把当前与长远利益、现实与长久利益结合起来；④果断决策，敢冒风险；⑤有很强的竞争意识；⑥出色的组织才能，善于指挥，敢于授权，培养与造就优秀人才；⑦广泛的知识和爱好，要形成知识优化组合的领导群体，要进行智力开发和感情投资；⑧有无私奉献的精神，“先天下之忧而忧，后天下之乐而乐”；⑨密切关系群众；⑩有文明精神，创新、求实、奋进，将地方高校精神转化为物质财富，充分调动职工积极拼搏与奋进的积极性。

以运用职权为基础的领导方式，一般有三种：一是专制独裁式的领导，要求别人言听计从，自己教条专断，全靠奖惩办法领导他人；二是让职工参与管理的领导，让下属参与行动和决策的制定，并鼓励他们参与管理；三是极少使用自己权力的领导，在经营活动中给予下属高度的独立性，让下属设定自己的目标和实现自己的目标，认为自己的工作只是给下属提供信息、做好群体与外部环境的联系工作，以此为下属工作创造良好条件。

上述三种领导方式，每一种都可以细分为多种形式。从领导风格上讲，无非是“以人为中心”型的领导方式和“以任务为中心”型的领导方式两种。领导者主要关心良好的人际关系和个人的声望，把主要精力放在下属身上，注重研究他们的感情和他们之间关系的好坏，即是“以人为中心”的领导方式。这种领导风格的实质就是尊重下属人员，是民主的、宽容的、关心下属人员的、平易近人的、体贴人的。这种领导方式确实能增加员工的满意程度，也有利于加强群体团结，但对生产率的影响并不总是成正比的。

领导者主要关心任务，把主要精力集中在所要完成的任务上，关心工作进程和完成工作的手段，即是“以任务为中心”的领导方式。这种领导风格的实质就是对生产任务的关心压倒一切，而对下属漠不关心，是独断专行的、限制人的、关注任务的，很少社交的、命令型的、任务为职能结构的。这种领导方式通常和生产率构成正比的关系，倾向于降低职工满意和团结程度。根据现代管理和适应环境的需要，应采取两种风格结合式的领导方式——权变式的领导术。权变式领导不仅要求领导者要明白自己最感兴趣的领导方式，对特定事务应有主观意见，能感受到自己的领导成效，还要求下属明白所接受的领导方式，对特定事务的个人看法，对主管的领导方式。

领导者的管理方法一般有四种：压榨和权威式的方法、开明和权威式的方法、协商式的方法、集体性参与方法。采用集体性参与方法时，领导对下属抱有充分的信心和信赖，经常征求和采用下属的看法和意见，现代管理的实践表明集体性参与管理是较有效率和成果的管理方法。

凡是对人和任务都表现热切关心的领导者，都要比只对人或只对任务表现一般关心的领导者能取得更高的生产率和使集体更加团结。在熟练的管理实践中，领导实际上就是对计划、组织和控制的补充。当这些程序不能给下属提供足够的指导或帮助时，则通过领导予以补足。领导能帮助消除工作中的障碍，领导者或主管人能设计一种环境，使群体成员潜在的或明显的激励动机能作出有效的反应，这就是方法—目标理论，是目前最有效的一种领导方式。这种方法的本质是，最有效的领导者应能帮助其下属同时实现地方高校目标和个人目标。其方法就是要明确规定职位和工人职责，消除取得成就的障碍，在制定目标时谋求群体成员的协助，加强群体的团结和协作精神，增加个人在工作过程中得到满足的机会，减少不必要的心理压力和外部控制，明确奖励标准，以及做其他一些符合人们期望的事情等。方法—目标理论对上层职位和专业性工作特别有用，但对日常生产工作的实用价值不明显。

要想成为成功的领导者，领导者必须有修养，在某种意义上说，领导者待人处世的修养比知识本身更重要，它能极大地改善领导者和被领导者之间的人际关系。领导者必须通晓形成有效领导的各种因素、随机应变的各种方式、有关激励和领导理论的基本内容，必须善于将知识应用于实践；领导者应将自己置于他人的地位，设身处地地体会他人的感情、好恶和价值观念等；领导人应力求做到处事客观，不带任何感情地观察和追溯事件发生的起因，以超脱的态度进行评价，先分析后行动，克服仓促判断，尽量克制情感，以防处事不公。领导者有自知之明，即要意识到自己为什么会有某些行为，为什么有些行为不能引起别人的反应，有些行为则会引起别人的反应，甚至引起敌意。有效领导虽说取决于领导者的个人品质、风格、方法等，但注意领导者群体组合、优化领导班子更是实施领导控制的重要方面，它不仅是实行参与管理、民主管理的需要，也是我国完善各种经济责任制的需要。

如果整体内部每个个体的选择是好的，群体组合的形式也是好的，那么整体的效能则大于个体效能之和。作为整体领导职能来说，每个领导者是优秀的，其群体组合又是合理的，则领导集团的能力应大于每个成员能力之和，因为在个体能力之和之外还应加上“集体力”。任何高校的领导班子，注意个体的选择是为了发挥每个个体的特长，注意群体的组合是为了发挥集体的力量。为适应现代化、社会化大生产的需要，地方高校领导班子群体必须围绕共同的经营目标结成彼此协调、长短助力、团结努力的集体。实现地方高校领导班子群体的最佳组合，必须遵循目标原则、效率原则、能级原则、取长原则与协调原则等；还必须做到老中青结合，技术与管理结合，知识的广度与深度相结合，将才与帅才相结合等。

4. 信息沟通机制设置

信息沟通是组织中构成人员之间的观念和消息的传达与了解的过程。它是为完成机关使命及达成任务的一种必要手段，可以促进共同了解，增强集体力量。信息沟通的目的是加强人员之间的团结，发挥整体的合作力量；改进业务处理的方法，提高组织的工作效率；了解彼此之间的需要；减少浪费，避免发生意外事件；有效达成组织的使命。信息沟通对发挥地方高校内部各职能部门的作用至关紧要。其作用为：拟定并传达地方高校的目标；制订实现目标的计划；以最有效能和效率的方式组织人力和其他资源；选拔、培养和审评人员；领导、指导和激励职工，并创造一种使他们愿意做出贡献的环境；控制工作进程。信息沟通除了语言、文字、地位及物理上的障碍和困难，还有缺少沟通计划，未加澄清的假设，语意曲解，信息表达不佳，信息传递的损失和遗忘，听而不闻和判断草率，猜疑、威胁和恐惧，缺乏适时性等问题。

信息沟通的主要种类有正式沟通和非正式沟通两大类。正式沟通是配合正式组织而产生的，依据信息流通的方向分为上行、下行和平行三方面沟通形式。

（1）正式沟通。

第一，上行沟通，主要指由下而上的信息沟通，下级人员以报告或建议等方式，对上级反映其意见。这种沟通方式优点在于：①有利于参与管理，教职工乐意接受上级的命令，可以满足教职工的自重感，办事会更有责任心，同时有利于上级做出正确决定；②从下级反映的情况中可以了解下级的工作是否按上级意愿执行；③有利于鼓励下级发表有价值的意见；④能接受下级直接批评，并满足下级的基本需要；⑤符合民主精神。

第二，下行沟通，即由上而下的沟通方式，由管理阶层传到执行阶层的信息沟通。这种沟通方式优点在于：①有利于帮助组织达成执行目标；使各阶层员工对其工作能够满意与改进；②增强员工的合作意识；③使员工了解、赞同并支持组织所处的地位；④有助于组织的决策和控制；⑤可以减少曲解或误传的消息；⑥减少员工所有工作本身的疑虑及恐惧等。

第三，平行沟通，是指平行阶层之间的沟通，即信息在组织级别相同或相似的人员之间的横向流动，如高层管理人员之间、中层管理人员之间、基层管理人员之间的沟通等。平行沟通有利于弥补上、下行沟通的不足，给员工了解其他高校情况的机会，培养员工间的友谊等。

（2）非正式沟通。非正式沟通指非组织的沟通，它一方面满足了员工的需求，另一方面也补充了正式沟通系统的不足。非正式信息沟通，是由人员间的社会交往行为而产生的；非正式沟通主要来自工作专长及爱好闲谈的习惯，无规则可循；非正式沟通产生于无意之间，没有地点、时间、内容的限定。它之所以能起到正式沟通所起不到的作用，是因为它传递快，有很高的选择性与针对性，能迅速反馈和及时做出评价等。非正式的个人的信息沟通有单线式传递、流言式传递、偶然式传递、集中式传递等方式。按信息沟通的方式划分，还有书面形式的沟通、口头形式的沟通和电子形式的沟通等。组织机构作为信息沟通的手段，社会系统作为信息沟通的网络。

信息沟通主要包括五个要素：①发送者，即负责做有意识、有目的的信息发送者，如发言人、建议及发令人等；②沟通的程序，即意见传递应有一定的媒介与路线；③沟通的程式，如命令、规则、通知、报告、公函、手册、备忘录等；④沟通的接受者，指接受消息、命令、报告及任何沟通程式的人；⑤所期待的反应与结果。在实行下行沟通时，上级必须了解下级人员的工作情形、欲望及个人问题；领导者必须有主动的沟通态度；组织中必须有完整的沟通计划；领导者必须获得员工的信任等。

在实行上行沟通时，上级必须以平等地位对待下级；经常与员工举行工作座谈会；建立建议制度、公平而合理的制度等。在实行平行沟通时，其关键在于：管理是否能适当地授权；沟通方法是电话、会报、会签、业务了解与共同信念等。从理论上讲，沟通是协调的一种方法与手段，其目的是使各高校间职员能以分工合作的、协同一致整齐的步伐达成共同的使命。沟通在谋求思想认识上的一致，而协调在谋求行动上的一致。

要做好信息沟通和协调工作，各高校应采取有效的措施：①建立会签制度；②制定工作流程图网，促进自动联系；③设置参谋人员，专门负责协调联系；④运用会议方式，促进意见交流；⑤简化公文报表；⑥利用报刊报道高校情况；⑦利用计算机处理及时获得正确信息；⑧设置意见箱；⑨个别访问谈话，了解教职工的需求；⑩利用训练方法提高联系水平等。

地方高校是一个由人、财、物等多因素组成的经济综合体，由多个子系统组成。无论是各个子系统的内部管理，还是它们之间的联系，都需要通过信息进行沟通，以达到物质和能量的合理流通。例如，行政组织系统需要进行组织与组织、人与人之间的信息沟通；思想工作系统，更离不开思想信息的收集、处理与反馈，以激励教职工的奋发精神。

（三）组织人事控制

1. 组织机构设计

组织机构设计的关键是如何划分部门。划分部门有多种多样的方法，其关键要使部门划分后所构成的结构体系适应战略、技术和环境方面的特定条件。传统划分部门的方法有两种：一种是按数量划分，另一种是按时间划分。单纯按数量划分的方法是：抽调出一拨无差异性的人，确定由哪位主管统领，去完成一定的任务。这种方法的实质不在于这些人去干什么、在何处干以及在什么条件下干，而在于所需人力的数量。以人数为基础划分部门的方法，不适应劳动技巧的提高，也不适应专业化的需要，更不适应高、中层的管理，而仅仅适应组织结构的基层。按时间划分部门的方法是：根据时间来组织业务活动，如采用轮班制的方法。这种方法的主要缺点是不利于监督和提高效率，同时增加了中、晚班费用，也只适合基层管理的需要。目前流行的划分方法主要有以下三种：

（1）职能组织。职能组织即按高校的职能组织业务活动，以便每个系部都有不同的义务和责任。这里首先要确定的是一个高校的主要部门，即人数多、费用预算大、关系高校存亡的主要职能部门。如果每个主要职能部门管理幅度太大，就应进一步划分派生职能部门。职能组织的主要优点是合乎组织工作逻辑；能遵循专门化原则；能维护主要职能的权力和威信；能简化训练工作；能有效实施上层严密的控制手段。

（2）矩阵组织。人们在同一个组织机构内将按职能划分部门的方法和按产品划分部门的方法结合在一起，即为矩阵组织。这种组织也称“方格”组织，或“项目”管理、“产品”管理，实质上是一种折中的办法，这种办法能获得职能和产品两种结构的长处，同时能避开二者的不足，有利于高校适应外部环境，有利于信息交流，也有利于减轻经营和成本方面的压力。

除上述几种主要的划分部门的方法，还有面向市场的划分方法，按工艺和设备的划分方法及按服务部门划分的方法。任何组织机构的设计并不限于采用一种方法或类型结构，应努力使组织的不同部分适应不同的条件，如采用复合设计法，以鼓励人们以最适应工作任务的方式进行思考和行动。此外，应重视一级高校的分组以构成完整的责任中心，一级高校设立标准，关系“事业部制度”“目标管理”“集权与分权”等现代化管理方法与知识的应用；完整的责任中心体系包括服务中心、教学中心、成本管理中心与工作中心。事业部制度组织是以“服务中心”制度为组织的设计。

（3）区域性组织。以地理位置为基础按地区划分部门的组织结构，即为区域性组织。该种方法特别适用于规模大的学校，或者业务活动分散的地方高校。它能够像产品组织那样，确定单个业务高校的利润责任，能够激励管理人员考虑区域性高校的全面成功，能适应不同区域的特点。

2. 协调关系设置

分工与协调是组织控制的两大职能。分工可以使组织内部活动专业化，而协调有利于部门上下级之间的配合。通过部门划分以后亟待解决的问题是部门间必须加以协调使之成为一个工作整体。一个组织不只是由若干个有着各自目标的独立部门组成，为了取得工作成功，必须将各部门的努力结合成为一个整体。如果一个组织协调不好，就会出现控制失灵、冲突严重、职权和工作能力分离、某些工作无人过问等现象。无论什么样的组织都是协调人行为的非人性质的体系，其协调方法多种多样。

（1）影响力设置。只有把职权变成影响和改变行为的力量，职权才能产生效率或效益。一个人的行为可以受到另一人行为的影响，产生影响的能力即为力量。要使各阶层主管能够产生影响下属行为的力量，必须发掘各种力量的源泉，如采用合理的报酬、适当的处罚、合法的管理、模范的行为及专家型的指导等。只有当下级明白上级能给予他合理的报酬时，他才乐于接受任务；只有当下级明白应受处罚的范畴时，才能遏制下级无理的需求和使困难的任务得到接受；只有当下级明白了上级的指挥是合法的时，他才能服从；只有上级以身作则做出表率，下级才能仿效；只有上级有能力满足下级需要的知识，才能使下级心悦诚服。

（2）参谋协调设置。除了纵向协调和横向协调，很多管理者还采用参谋协调的方法。参谋在管理学中有着数种不同的内容，有时是指管理人员助手的职务，有时指的是一种特别职务处于从属地位，只向一名管理者负责。参谋具有服务、咨询、监督与控制职能，参谋部门负有临时性的协调之责，还能起到帮助的作用。从整个组织机构来说，某些部门对整个组织来说，主要是参谋式的关系，另外一些部门主要是直传关系。要做好各部门的协调工作，不仅要注重按分级原则进行直线或阶梯式的职权关系的设计，还要注意具有顾问性质的参谋关系的设计。

（3）纵向协调设置。有意地建立职权等级，规定各级管理职务责任和上下级关系，旨在开辟指导职工活动和交往的途径。设计职权体系，是设计协调组织的起点，其目的是要建立一个强有力的指挥系统，使指挥系统中的每一个人都明确自己所处的位置，知道谁向他负责，他向谁负责；命令从上向下传，报告自下向上传。设计职权等级的原则是建立报告关系、负责关系及控制跨度。任何高校都应建立从高校最高管理者到最低管理层的、相联系的和不间断的报告关系。这种报告关系也称为命令链，它要求从最低管理层开始，每一级都要对一位上级负责，并据此来检查每个人的行动是否违反了上级的期望，这样就有利于各级之间的协调。建立命令链的思想，要求人员之间的交流和对下属的控制不应间断，下级不应该背离上级指导；任何一级管理人员不应绕过其直接负责的部门，向更低一级的主管人员发布命令。根据统一命令的概念，下属只对一位上级负责，而不可能满足多头上级的要求，否则会造成不应有的紧张关系。

为了便于纵向协调，还应适当注意各层次管理部门的控制跨度（管理幅度）。管理幅度是指对管理人员（或部门）所管理的人数或所属机构的实数的限制。管理幅度到底多大为宜，应根据部门等级、主管人能力、授权程度、被控制者素质、工作制度、工作程序、工作计划而定，并没有统一规定。影响管理幅度大小的主要因素是业务活动的多样性、不确定性、新颖性，下属工作的复杂性、随机性、责任性，下属人员的专业水平，标准化程序，非管理性工作量等。

（4）横向协调设置。任何组织除了纵向协调，还必须注意横向协调，即部门间的协调。在设计横向协调时，必须注意需要协调的地方、需要协调的程度、协调机制、适用情况等。部门间之所以要协调，取决于部门间的相互依存性及其产生的结果。如教学和后勤部门，应根据教学需要进行协调，否则会导致教学质量的下降，直接影响高校管理水平和其生存发展。需要何种程度的协调，主要依据各部门从事的共同任务具有多大的不确定性来决定。任务不确定性越大，需要协调的程度越大，其决策者需要处理的信息量就越大。因此有必要设计协调机制，即设计进行部门间信息交流和拟定决策的手段，具体内容如下：

第一，建立标准程序，以解决常规性的协调问题。

第二，建立垂直的职权渠道。如果存在的问题不太多，而部门间的利益冲突又难以解决的话，应通过有权做决定的上司去解决，但这种协调方法不经济。

第三，建立临时会议制度。当有关部门发生不协调情况时，应由各方派代表参加碰头会解决。

第四，建立定期会议制度。如果部门之间经常发生不协调问题，可以定期举行会议加以解决。

第五，明确协调责任。在部门目标和职务说明中明确规定协调责任及合作义务。

第六，建立协调机构或专设协调人员。如果高校协调工作很多，理应设置协调机构或协调人员，专门从事责任划分工作，负责平时的协调工作。如设调查员、联络代表、协调人、计划员等承担中间人的任务。

此外，还可以根据矩阵理论设计协调机制，用以解决既相互竞争又很重要的两项工作。有了各种协调机制和手段，还应根据不同的需要进行选择，以保证其有效使用。

（5）职权协调设置。把职权和决策权向上移被称为集权，向下移则称为分权。更确切地讲，管理者把职权和决策权集中到高校结构的最上层，即为“集权”；如果把职权和决策权分散到全体下级人员，则为“分权”；有些管理者授予下属特别职权和职责，即放权。

如果一切问题均由最高管理层作出回答，这样有可能导致决策慢或作出不高明的决策；如果一切问题均由下层作出回答，又有可能造成失控，铸成大错。过分地集权和分权均有利弊这是显而易见的事，如何更好地进行职权控制，应采取随机制宜的原则。对一个特定的组织来说，在特定的时期内，它的某些职能最好实行集权，其他职能则实行分权，只有通过掌握特定的事实，在处理特定职能时权衡利弊后才能作出正确的决策。要把各种职能看成由不同的活动组成，而不能看成整体，对有些活动可以采用分权，对另一些活动则需要采用集权。

放权或授权管理，是一种较好的职权管理形式，是指管理人员分配任务和分配完成任务所需的职权和职责的过程。授权控制应力求做到完全性、明确性和充分性。完全授权是指对每项任务分配时，授予被授权者应负的责任和应有的权力，以避免无人负责的现象。明确授权是指授权者应明确告诉被授权者对何种任务负责、有哪些职权，应使下级人员清楚了解自己的任务、职责和职权，在职权范围内无须事事请示。职权是发布命令的权力，职责是对结果所负的责任，二者应该平衡。授权的充分性是指授予下级的职权应能充分保证其完成应负的责任，这样有利于促进有关任务的完成。此外，应该注意的是，进行授权管理，并不能减轻上级应负的责任，上级应对下属职务范围内的行为负责。进行授权设计，必须遵循按照预期成果授权、明确职能界限、分级、分层、统一指挥、职责的绝对性、权责对等原则。

3. 部门工作设置

明确了如何划分部门和如何协调部门的工作后，就应该进一步明确如何设计部门职掌和群体及个人应完成的工作。各部门的职掌是一个为达到共同目标分工办事的环节，若干环节形成的工作链才是大家共同维持其密切配合的工具。进行部门和个人工作设计时，要根据总体战略来设计，使各部门或个人的工作有利于总体目标的实现和战略的实施；要根据技术因素，进行专业化分工，即把大的任务分成若干小任务，以助于增进职工技巧和提高效率；要在考虑技术因素的同时，考虑到心理因素（职工价值观、责任感、成就感等），以满足职工对工作多样性、完整性、重要性、自主性与自动反馈的要求，有利于激励职工，唤起积极性，对工作感到充实而满意。职掌与工作设计，一般先从主要教学部门开始，再设计服务部门的职掌，如对总务、人事部门工作设计；然后根据工作程序一条一条地列举出来，进行整理归纳。

例如，拟订后勤部门职掌时，就要依照其工作程序，从采购教材开始，开列请购单、询价与订货、验货入库、登卡入账、安全保管、凭单发货，到检验、包装入库等。根据列出的职责，依计划、执行、考核行政“三联制”进行核查，看有无漏列和应予补齐、调整的问题。纵向方面使职掌与程序衔接起来，横向方面将人、事、物连接起来，形成完整的部门工作体系或个人工作系统。例如，研制与修订会计制度，并督促所属高校加强会计制度建设工作；编制本系统预算，并审核与汇总所属高校预算资料；汇总与编制月报、季报与年终决算；编制财务分析与成本分析报告；检查所属高校会计资料及有关会计事务的处理；检查各高校预算执行与控制状况；指导与培训系统内会计人员，并负责会计人员的考核与职称评定工作；指导系统内的统计核算与业务核算工作，并定期组织财务检查工作。

4. 人事控制设置

人事控制的根本目的，就是要采取某种确保高校目前和未来都能正常经营的办法，为组织结构中各个职位配备合适的人员。人事控制不仅是人事部门的职责，更是高校主管人员的职责。主管人员所从事的计划、组织、领导和控制等工作的职能，事事都与人员相关，人事控制是主管人员的一项决定性的职能，并且是一项决定高校成败的职能，任何领导都要正视“人力资源开发”。

（1）选择设置。选择人员设计主要是对人员配备与人员选拔方法方面的设计。人员配备工作应该与高校组织结构及计划目标工作协调一致。人员配备是一个复杂的过程，它可以作为管理人力资源的一种系统方法。高校任何计划都要人去贯彻执行，进行人员配备必须以计划为基础；组织计划是确定人员需求量的关键，同时应考虑任命率、年龄、健康状况等其他因素；根据高校内部和外部人才资源状况，对主管人员需求量进行分析；招聘、选拔、安置人员，同时要做好考核工作。在人员配备过程中，应充分考虑到外部环境与内部环境的影响。尽管人员配备工作主要由人事部门和各管理层的主管人员来负责，但拟订人员配备计划、决定招聘范围、制定选拔程序、确定考核方法以及规划培养开发等人事政策，还是应由人事部门在高校最高管理者直接领导下贯彻、落实。

高校各类人员质量，特别是各级主管人员的质量，是任何一个组织取得成功的决定性因素之一。选择人员，特别是选择主管人员必然是整个管理过程中最关键的步骤之一。选择人员必须要遵循一定的步骤和使用系统的方法。要从以下方面有效地选择人员：

第一，对各职位的要求进行客观的分析，即应明确各职位的工作内容、工作方式和需要的知识、态度和技能，要确定职务的适当范围，既不能过宽，也不能过窄。职位应包含饱和的工作量，工作应对任职者具有挑战性，使他们感到自己得到了充分任用；职务应当反映所要求的工作技能，如要求专业技术人员应具备技术性技能、人事管理的技能、概括分析的技能、谋划设计的技能以及分析与解决问题的能力等。

第二，对各职位的重要程度进行评价。这种评价不同于对工作成绩的评价，一般使用三种方法：①采用“排队”比较法，确定各职位工资标准和地位，一般是以薪金水平来表示职位差别的幅度；②根据职务要素进行评分来评定职位等级，即先选定几个职务要素，给它们规定权数和分值，然后以数字表示每个要素，要素主要包括所要求的教育程度、经验、智力、体力、职责和工作条件，主管职务应评定的要素是所要求的技术知识、所要解决的问题和所负职责的范围大小等；③采用判断时距法评定职务价值，即通过对某个职务所承担的各项任务时的分析，来衡量判断时距的长度。

第三，明确各职位所需人员应具备的素质，除了应具备的技能，个人的素质也很重要，如主管人员必须具备管理欲望、沟通感情的能力、正直、诚实及工作经验等。

第四，进行正确选择，在明确各职位所需人员的具体要求以后应招聘、选拔人员，一般采取目标选拔法，即将职位工作目标与被选人的工作经历与技能、素质进行对照，按相符程度进行挑选，具体选拔时应使用口头审查、审阅资料，对智力、才能、业务、个性、熟练程度等进行测试、集体评审。

（2）用人设置。管理是人力发展而非事务指导。只会做事不会管理的人，不适宜于当领导。各级领导均应掌握各种人事方法处理，如员工关系、客户关系、社区关系、政府关系、金融关系等，处理好内部员工关系是用好人的关键。用人之道主要在于：一是要因材施用，使每个人适得其所；二是要培养人才，不断增进其才干。如设置一套有效的方法，用以测定个人的工作成果；创造良好的条件和环境，增进员工的绩效与成就；设法征召和储备最优秀的人才；教育具有潜力的人员，来胜任今后更复杂的工作；建立一套有效的考核办法，扎实而公正地考核与评定每个人的绩效；依据成就标准，予以奖励，以提高士气。

各层次的管理人员十分关心领导对他们的期望，希望上级能了解自己的工作状况，必要时给予指导，并希望领导主持公正，依据他们的成就给予精神与物质的鼓励或给予升迁机会。同时他们也受到知识问题、技术问题、信息问题、态度问题、沟通问题、人格问题等方面因素的干扰。主管人员应十分关心各层次人员的心态并采取措施为其排忧解难，既要与部属沟通信息，又要秉持虚心、诚实、谨慎的态度去提高管理技术，解决难题，如要评鉴已经获得的成果、分析当前的需要、设定高校的长短期目标、确定权责的归属、量度业务进展、评核绩效、确定成就给予报偿、更好地设计未来等。

（3）培训与开发设置。通过教学训练以培养管理人员如何管理，即为高校培训工作；组织开发是一种系统地、综合地、有计划地提高高校效能的方法，其目的在于解决对各级管理层次的经营的不利影响的问题。按照经营—管理理论的方法进行培训与开发，首要的是进行目标管理、工作充实化教育和敏感性训练；最高管理者要积极支持培训工作，培训对象要包括所有管理人员与职工，学习要建立在自愿的基础上，培训要求因岗位或个人条件而异，培训方法取决于培训要求，理论必须与实践相结合。

对任何个人的培养与训练，首先要明确他现在的成效与行为和要求达到的成效与行为之间的差距；其次要明确他现有的才能与担任下一个职务所要求的才能之间的差距；最后还应预测未来，根据变化了的技术和方法所要求达到的新才能。只有明确了上述三方面的问题，才能进一步明确培训目标和培训方法。

培训的主要方法有在职培训与离职培训两类。在职培训，是受训者一边学习，一边工作，其具体方法有：有计划地提级、职务轮换、设立“副”职、临时提升、个别辅导、建立临时受训机构等。离职培训，有在高校内部和在高校外部的训练，如进行敏感性训练、有机行为修正法、交往分析法、短期培训、专业证书班培训、特别培训、自修培训、视听培训及模拟培训等。

组织开发的核心是要使高校各级管理者一起努力，以解决部门或高校所面临的具体管理问题。解决协调欠佳、过于分散和信息沟通不灵等问题的具体方法有实验训练、主管工作方法训练及调查反馈等。组织开发的关键是人力资源开发，而人力资源得到充分发挥的关键是要创造一个使全体职工安心敬业的组织氛围，如组织机构清楚，权责明确；适当的授权，充分发挥个人积极性；赏罚分明，鼓励多于指责；相互关心，团结和睦；容忍异己，鼓励批评、建议；互相认同，把高校利害、荣辱与个人利益结合起来等。

每个高校都应该重视人事教育工作，充分发挥人事管理的职能。如健全人事组织，根据高校规模大小，设立合适的组织机构，明确其权限职责，科学办理人事行政和人事服务工作。高校需要制定科学的人事制度，其内容包括任用条件及手续、工资标准、工作时间、请假规定、员工福利、管理规则、考勤与考核方式以及奖惩、调动、离职、退休等一切人事规章；加强劳动工资管理，及时处理劳动力不足或过剩问题，以及定级、转正、调资等问题，对外、对内进行协调与联络等行政工作；加强教育培训工作，有计划地组织职前训练、在职训练、正式教育与补习教育等；加强人事任用工作，如按政策与规定办理招工、奖惩、升迁、调动、缺勤、考核、退休等人事手续，对于一些敏感问题，要增加透明度，并要接受群众监督。

此外，还要加强医疗保健、职工福利、协调服务等工作。人事管理工作，涉及整个高校的工作效率问题，对人管理成功，就可以提高工作效率、方法效率、设备使用效率与资金使用效率，相反则可导致高校失败。因此必须注重挑选人事管理人员，严格要求人事管理人员，使所有人事管理人员能把握国家劳动人事政策，熟悉劳动人事制度，明晰事理、善于分析判断，具有丰富的办事经验，温和谦让、办事认真，并具有较强的说服能力等。

（四）资产管理与处置控制

1. 采购控制

高校物料采购工作主要包括：决定应购入的物料项目及数量；决定最适宜的采购时间与采购数量；决定最适合的采购方式；签订购买合约，办理订购手续；催促供货商交货；到货验收并填制验收单；处理退换货及折扣事项；采购凭证送会计部门列账；依购买合同规定，如期结算货款；保存每一采购事项的完整记录。采购内部控制的基本原则是将采购工作与验收记录及付款结算分开，主要从以下方面进行。

（1）请购审批。物料采购的第一步工作，是由用料部门或后勤部门提出物料请购单。请购单应根据采购预算填制，请购单的填制应包括购料名称、编号、规格、品种、需用数量、需用日期、请购单编号及请购主管核章等事项；请购单应填制数份，一份由请购部门存查，另一份送资产管理部门办理，有的高校也规定须先通知财务或内部审计部门。采购部门进行采购后，将一联请购单连同订购单或购买合同副本退回请购部门，表示所需材料已经订购。

（2）选择订购。物料采购的第二步工作，是由采购部门根据审批后的请购单选择供货商和填制订购单。采购部门在整理请购单后，应根据物料的来源及市场竞争情形，拟订采购方式（主要是招标方式）及日程，呈报核准后选择供货商。在选择供货商时，应充分考虑价格高低、质量好坏、交货日期、交货条件、运输费用、供货社会信誉等，力争采购到物美价廉的物料。供货商确定后，应初步确定购买的物品、数量及价格，并征询会计部门支付条件后，方能正式办理订购单。

订购单应填明供货商的具体名称及地址，订购材料的名称、规格、品种、数量、单价、总价与折扣，交货日期、地点，付款及其他条件，订购日期，订购单编号，填制核准人等。还应根据实际情况增列各种附加条款，如运输方式、意外灾害处理、包装及保险费用负担，以及在何种情形下退货、换货等。订购单是买卖双方事前承诺履行的交易契约，只要双方同意而又不违背政府法令规定的事项，原则上均可列入。

订购单通过核准后，应做到：①供货商留一份副本存查；②正本两份给高校资产管理部门，表示所需物料已经订购；③交收料部门副本一份，作为以后核对收料之用；④交会计部门副本一份，作为核对发票之用；⑤交其他部门副本一份或数份，如交给检验部门、法律部门、内部审计部门等。

订购单寄出后，经一段合理的时间后尚未得到答复，资产管理部门应立即追查，询问对方是否接受订货；如已到交货日期，尚未交货，应催促交货；资产管理部门应有专人负责追查工作，可以采用信件、电报、电话或口头等多种追查方式，追查过程应进行详细记录，以备日后查阅。

（3）验收入库。所购物料到货后，无一例外地要进行数量及质量的验收。按照内部控制的要求，其验收工作应由独立于采购、存储和运送部门以外的验收部门进行，其职责是查明所收物料的数量；查明物料品种、规格、质量是否符合要求；填写验收报告；立即将所收物料送交存储部门。

目前，我国大多数高校均由资产管理部门自行验收和填制入库单，这样不符合控制要求——最少要有材料部门或其他人员参与验收工作。验收如未收到订购单，概不收料。验收单应编制三份：一份送采购部门，一份附在订购单上以示结案，一份附在发票上送交会计部门作为结算依据。货物未经验收不得核准发票，发票应选送至采购部门，由其加盖订单号码、收到日期及验收戳记；采购部门将核准的发票与收料单核对后，一并交会计部门；会计部门核对发票与订购单后，核算收货的总金额，制作发票，转由出纳备款；出纳付款后在发票上加盖“付讫”及日期戳记，与订购单副本一并归档。所有发票及凭证应由被授权者批准。

进货发票在核准付款前，应具备书面证据以资证实：①发票上所列货物根据正式订货单办理，两者所示的单价、数量与其他条件均相符；②发票上所列货物须经验收部门收讫，并编制验收单；③发票上的乘积、直加、折扣及其他计算均经验算后无误；④传票上已列明会计科目。验收中，如发现商品短缺、退回或折让等，应开具借项通知单。

（4）退货处理。如发现购进的物料规格、质量不符合或其他不符合订购条件时，应及时与供货商沟通退回、更换或折让等事宜。一般可采取以下处理方式：

第一，将材料退回供货商，取消订购合同，所有运费应由对方承担；有时可要求赔偿损失。

第二，不合格材料退回更换，运费应由供货商负担。

第三，如不合格材料不退回供货商，应由双方商洽折减一部分价款。

第四，不合格材料如由买方代为加工，加工费应由供货商负责，可在货款中扣除。

发生退货及折让时，应由双方协商解决，同意后应由采购部门编制退回及折让通知单，分送有关部门，作为处理依据，送交会计部门的通知单，可作为冲减应付账款凭证。

（5）报表管理。为了更好地反映、分析和控制采购业务，一般要编制如下管理报表：

第一，市场分析报表。反映现在及预测未来材料或商品供需状况。

第二，购进材料明细报表。分别列明向各供货商所购材料的种类、数量及金额，并注明违约次数等。

第三，采购作业分析表。用以分析采购作业的好坏、衡量采购工作的绩效，主要列明采购部门订购材料数量、实际验收数、退回及折让的百分率，如期交货百分率、自接到请购单至办妥订购手续平均耗用时间、自请购至材料到用料部门平均时间等。

第四，采购费用分析表。详细反映每种材料运费、装卸费及采购成本等，以便与上期实际成本及计划成本比较。

第五，价格变动分析表。分析市场价格变动情况，以适应市场变动需要。

2. 应付账款控制

有效的应付账款内部控制，在付款前必须经过采购、验收、会计等部门的核准。所有采购交易均须有顺序编号的订购单为证，订购单副本送交应付账款部门，以便与供货商发票及验收单相核对。

验收部门与采购部门应各自独立；验收部门收到货品应编制验收单，验收单应顺序编号并复写数份，以便收到货品后及时通知会计部门、采购部门及发料部门等。

会计部门收到各种文件凭证，应加盖收件日期章，该部门所开的凭单及其他文件，均可利用顺序编号方法控制。复核发票的每一步骤，均应在凭单上注明日期并签章，以示负责；确认自己完成的工作，确保例行程序一贯实施的有效方法，核对订购单上所列单价、折扣及运送条件与卖方发票，或核对发票上的数量与订购单、验收单，均可防止不当的付款。

将核对发票的职能与支付账款的职能分开，是防止舞弊的另一种方法。发票核准付款前，应有书面证据，证明交易事项均经复核完毕。应付账款明细账按月与总分类账户测评，并与来自供货商的对账单核对，任何差异均应详细查明。

采购控制问题，还有采购费用预算控制、常用材料采购控制、零星小量材料采购控制、有互惠关系采购控制、分批交货采购控制及退回包装物处理等具体问题。

3. 物资存量控制

管理者一般十分注重现金和有价证券的管理与控制，而忽视财物存货的管理。有人认为内部控制的主要目的是防止和揭发欺诈舞弊，而财产物资不易被窃，因此没有必要实行严格的控制。这就完全忽视了内部控制事实上具有比防止舞弊更为重要的功能。事实上，物资存量控制为一般地方高校中最复杂而又最需要的一种控制，存量的计划及其实施涉及高校各个部门的业务，如采购、财务及会计等部门；存货种类多、范围广，渗透地方高校整个资产管理过程，如需对购进的教学设备及物料等进行控制，直接影响教学管理与服务的好坏、教辅成本的高低以及资金的周转速度等。为了适应瞬息万变的经济环境，如何适时采购，如何获得低廉价格，如何适应生产需要，如何计算经济采购量以降低储存成本，如何避免积压以加速资金周转，如何做到安全保管，这些都是十分重要的管理与控制工作。

（1）物资存量控制的主要作用。良好的内部控制是提供正确的存货数据、销售成本数据及报告准确数量的工具。若无健全的存货控制，就会导致存货成本、产成品成本及销售成本失真，从而导致财务报表中所反映的财务状况及经营成果虚假，使得高校各管理机构不能发挥应有的作用。加强物资存量控制，有利于解决供需矛盾，以尽可能少的存量满足生产和经营的需要，减少物资积压，节约流动资金，并能稳定教学与管理秩序。物资存量控制具体来说有以下作用：

第一，保持最小存量。以最小存量保证生产或销售需要，有利于节省库存投资额，减少资金积压，节约库存费用。

第二，安全与科学保管。物资存放处应能防盗、防火、防水、防潮、防虫咬、防霉烂及锈蚀等；存货应分类、整齐排列。

第三，适时适量供应。存货应能保证生产或销售所需，做到适时、适量、适地供应，以免因拖延、缺货等影响生产或销售。

第四，维持有效操作。存货收发及装卸所用的各种器械，应经常检修，维持良好的运转和操作，以利于提高收发、装卸、排列、堆放等工作效率。

第五，预防发生呆废料。要防止呆废料，一是要妥善保管，二是要严格控制采购、调度和利用。对已发生的废料要迅速处理，如加工、利用、交换、出售等，以免长久呆滞，造成损失。

第六，维持完备的存货记录。要建立控制存货数量的记录；及时提供存货状况给教务、科研和后勤等部门，以助于合理调度与有效使用；提供有关计算最经济采购量或生产量资料，制定最高或最低标准存量；提供各种存货周转率、长时间待存货项目，存货废失率等统计分析资料；提供运输及保管费用分析资料。

（2）物资存量控制的影响因素。物资存量控制，最根本的任务是要设计能够决定各阶段的需要量、发放量及其预测方法、各阶段的标准库存量和安全库存、需要和供给、发放和补充的方式，以及能够明确地检查预测量和实际之差异的库存管理系统。必须使购进、保管、发放作业合理化，使库存物资调动记录合理化，并且需要完备的有关库存的资料。要做好库存控制，必须考虑下列影响因素：

第一，销售因素。要考虑订货量的大小及其波动与订货的频率；考虑销售预测的可能性与预测值和实际之差（预测误差波动的精确度）；考虑适应需求服务的条件，如要求立即交货或容许拖延时间很短，即要加大库存，反之可减少库存；考虑销售途径，即考虑是直接销售还是间接销售，前者要求存量大，后者要求存量小。

第二，生产因素。应考虑生产类型与生产方式，即要考虑是大量生产还是单件或批量生产；考虑生产过程中各道工序的库存；考虑产品特殊化的程度，即各种产品在各工序阶段的在产品都要以符合通用化、组合化的形式保持适当的存量；考虑生产的灵活性，库存应适合于灵活、机动生产的需要；考虑生产能力与仓储能力；考虑优质保管等。

第三，时间因素。即应考虑订货准备、购进、审核、检查、验收等筹备时间的需要。

第四，运输因素。即应研究运输场所、距离、方法和当时库存量的全部成本最大限度地降低等问题。

第五，费用因素。即应全面、综合地研究和调整库存费用，以争取最小的库存耗费。

4. 采购控制计划

物资存量控制的宗旨，既在于防止损失和滥用，作为采购与销售计划的依据，又在于保证生产与销售的需要，防止存量过剩与不足。存量控制是存货管理的中心问题，必须建立一定的政策、计划及标准，以便于管理控制者遵照执行。存量政策是指存量控制的基本思想与指导原则，目的是确定存量业务处理的基本界限。如要求接受订货后的最迟交货时间，物资是集中库存还是分散库存，各种物资最高或最低库存限量，如何配合市场价格变动而增、减存量，如何规定使用率或随预测调整储存量，如何规定存量费用，如何规定盘存与核对等。在时间方面，库存控制政策尽量以不延误需用的时间为原则。

制订存量计划，要了解和预测采购及其成本、仓储及其保管成本、期间或年度的需求量、各物资项目最高或最低存量等，并据此推算最经济的存量。此外，存量计划应视各项物料个别情形、库存类型及管理特性制订。物料库存量可分为以下四种类型：

（1）常备型。以常备品为库存对象，需求稳定，经常发放，必须有充足的库存量。

（2）常备分期交付型。以长期合同的原材料为库存对象，必不可缺，并经常少量发放，必须有一定的存量。

（3）备用品型。以配换零部件为库存对象，何时需要不定，但应有少量存货，发出后应立即补充。

（4）根据要求购入型。一般不需库存，必要时只购入需要量。

要制订切实可行的存量计划，必须研究库存品究竟属于哪类，哪一类该存，哪一类不该存，该存的应存多少等。制订存货计划，还必须掌握管理性，即输入特性（供给、购入、交纳等特性）、服务特性（保管、存货场所等特性）和输出特性（需求、发放等特性）。

制订存货计划，应计算库存品的标准库存月数。标准库存月数的计算，一是要根据资金情况，站在地方高校整体的立场上进行计算；二是要根据库存品的市场特性、生产特性、购入特性、保管特性、发放特性，以最经济的经营为目标进行计算。标准库存月数以项目的合计来计算：①弥补预测误差的库存，预测期间的预测误差的标准偏差乘以安全系数；②生产日程计划的库存依计划变动的时间而定，一般为半个月左右；③生产周期的库存，一般来说，一个月周期的库存为6天，两个月周期的库存为半个月，三个月周期的库存为一个月；④运输期间的库存；⑤各储存地点的流动库存。此外，计划应根据存货政策拟订，并配合市价行情及销售、生产需要，采购、财务等有关部门也应根据计划而配合作业，以保证计划的执行。

存量控制涉及高校很多部门，也涉及很多经营过程，有关部门应办理哪些方面的工作应有明确的分工，特别是采购、验收、付款、记录必须分别由不同的部门或不同的职工处理。无论什么样的高校，其物资存量控制账务工作，应由会计部门负责，但仓储部门应有明细的数量记录，并要定期或不定期盘点，使账面存量与实际存量相符。定期盘点一般在年度终了或营业周期结束时进行，应由各有关部门共同派人办理；不定期盘点除特殊情况外，一般由存货经营人自行负责，多在库存量最少时进行，或分类轮流进行。物料通过验收后，进库前还应先行点数，检视后签收，即仓储部门应对验收部门的工作复核后，才能正式履行自己的保管职责。物资存量控制主要包括编号控制、记录控制、发货控制、成本控制和盘存控制。

第一，编号控制。对货物的分类编号是控制的第一步。如果每一种存货，都有一个确定的编号，存货分类就可以实现系统化、永久性与确定性，就有利于进行材料收发、管理、书写、记录、编表等工作。

编号的方法很多，如有流水编号法、分段编号法、类级编号法、小数编号法、数字示意编号法等，唯有类级编号法最适合对材料编号。该种编号利用不同的数字及不同的位次，代表不同类、级，如第一位数字代表大类（一级）、第二位数字代表中类（二级）、第三位数字代表小类（三级）等。假如采用十位数字编号：第一位数字为材料管理类别代号，如，01 表示集中管理材料，“1”表示非集中管理材料等；第二位数字为材料性质分类代号，如“1”表示电器材料，“2”表示机械器材等；第三位数字为材料性质分类明细项目代号；第四位至第八位数字为各类材料编号；第九位数字为核对码，供电子计算机自动验证材料编号是否正确；第十位数字为材料使用价值代号，如“0”表示新料，“1”表示旧料，“2”表示废料。

存货编号应以便于确定存货种类与规格、节省工作时间、利于机器处理为原则。一种存货只能有一种编号，一种编号只能代表一种存货，防止重复混乱；编号中每一位数字都有不同意义，使人一见编号，即可知道是什么存货；编号位数越少越好，可以节省书写工作；每所高校均应编制一份存货分类编号表，便于查对。

第二，记录控制。货物记录是存货控制的重心，有了正确记录，才能提供有利于控制的情报资料。货物记录的主要内容：过去每月、每年需用量，实际库存量，已经订购数，何日可以到达及数量，自请购至到货的所需时间及此期间内耗用数量，最高标准存量及最低标准存量，经济采购量及批次，货物成本及总金额等。上述记录，有些是现成的，有些需要查询；有些可根据过去统计资料获得，有些却要根据各种因素事先设定。无论什么样的数据，都要完备准确，才能进行有效控制。

第三，发货控制。高校货物领用时，应由教务等部门签发领料单，用料部门持单到仓库领货，通过被授权人审签后，仓库人员填制出库单并照单发料，及时送会计部门登账或作为成本计算或费用分摊的依据。

对发出的各种物料应建立必要的控制，控制其数量和状况变动。对物品的控制应包括定期盘存检验程序，防止废品、次品的增加。在发货业务中，所有物品都要经过审批后才能办理装运手续。例如，由销售部门签发销售发票或销货通知单，仓库据此发货并签发出库单；运输部门应填制多联运单，分送仓库、会计等部门。领料单必须根据用料单填制，一式三份，第一份领料部门留存，第二份作为仓库的收据，第三份由会计部门作为分摊成本依据。用料单位如有剩余物料，应填制退库单，将余料退回仓库。退料手续及记录方法与收料时相同。

第四，成本控制。为了正确计算货物采购、使用和销售的价值，应实行必要的成本控制，它是内部控制的一个重要部分。货物成本从理论上讲包括购进价格及运达买方仓库的一切费用，如运输费、装卸费等，但由于有些零星费用归属问题不好确定，只能计入间接费用。货物使用或销售价格计算，一般按沿用的方法计算，如简单平均法、加权平均法、先进先出法或计划价格法等，但不得随意变动，应保持前后一致。

第五，盘存控制。加强货物或销货成本内部控制的另一项重要措施是采用永续盘存制。货物的账面记录与实际库存数量往往不符，其主要原因有收料时验收差错，验收单数量与实际入库未核对而发生不符，发料数量错误，物料账中的收入、发出、结存数量记错，被盗或因受损失未经处理认定，库存中消耗等。通过盘点和核对存货记录，可以使账实相符，最后确定库存数量与价值，为正确进行存货采购、使用和销货的成本分配提供必要数据。永续盘存制还有利于控制货物的增减变动，增进货物记录的正确性和可靠性，及时揭露或防止对各种存货项目的盗窃、浪费或损毁等行为。追查实物与记录是否相符的方法是实地盘点货物，盘点方法有全部盘点、轮流盘点及经常查点等。全部盘点一般在年终时进行，多为定期盘点；轮流盘点既可以是定期盘点，也可以是不定期盘点；经常查点则为不定期随时的盘点。任何高校理应将盘点办法列入管理制度，明确规定盘点目的、盘点工作组织及职责、盘点时间表、盘点方法、盘盈盘亏处理以及盘点所用标签、表单、报告等格式。

三、高校财务的人员管理

人是财务管理过程中最为活跃的因素，具有会计从业资格的财务人员是高校财务管理的主体力量，是财务部门管理系统中的行为主体。高校财务人员的管理由财务部门负责，对人员管理的重大政策则由管理层制定。财务人员已从简单的信息加工者转向预测、决策、控制和评价的管理者，主体的行为将直接影响经济效果，良好的管理制度必须有良好的管理者去实施。

（一）高校财务人员配备及管理

为便于组织、核算、管理和监督学校的财务收支活动，高校内部设置的财务机构，必须根据相关制度的规定，相应配备专职的财务人员，按照《中华人民共和国会计法》（以下简称《会计法》）的要求履行财务人员的职责和权限，并建立内部控制制度，以避免分工不清、职责不明造成财务管理混乱。

1. 高校财务人员配备的规定与保证

（1）高校财务人员配备的相关规定。

第一，高校财务机构应当配备专职财务人员。

第二，财务人员应当具备与其工作岗位相适应的资格和能力。

第三，财务人员的调入、调出、专业技术职务评聘以及校内二级财务机构负责人的任免、调动或者撤换，应当由学校一级财务机构会同有关部门办理。

第四，高校内设置二级财务会计机构，必须相应配备专职财务人员。校内各级财会主管人员的任免应当经过上一级财务主管部门的同意，不得任意调动或者撤换。二级财务机构的财务人员的调入、调出、专业技术职务的评聘需由财务部门会同有关部门办理。

第五，为加强财务管理，各学校应对配备的财务人员进行严格的财会业务培训和政治思想教育，不断提高财务人员的业务素质和政治素质，并定期组织考核，保证财务人员廉洁奉公，为学校教学科研等各项事业发展服务。

第六，高校校内各级财会主管人员的任免应符合有关制度的规定，并需经过上一级财务主管部门的同意，二级财务机构主管人员的任免需获得总会计师和财务处的同意。

（2）高校财务人员配备的质量保证。

第一，必须重视高校财务人员的配备工作。增加财务人员的成本远远小于节约的成本。

第二，学术型人才的合理使用。院系的院长、副院长、教授等学术型人才担任财务处处长前，最好先担任 1 ~ 3 年财务处副处长，在财务处副处长的岗位上先熟悉情况。了解高校财务工作的实际情况后，调任财务处处长，既能发挥其高级人才的应有作用，又能尽快熟悉业务，提高财务管理水平，一举两得。

第三，增加财务人员编制，配备优秀的财务人员。给财务处以足够的人员编制，并配备优秀的专业人才，可以优先在高校自身的会计专业中挑选优秀的本科生，充实到财务人员队伍中来。

2. 高校财务人员的职业素质管理

加强对财务人员的职业素质管理特别重要，这将影响整个财务管理的效果。制度设计和管理得当可以增加经济效益，制度设计和管理不当则会造成经济浪费和损失，其中财务管理的水平取决于财务人员职业素质的高低。财务人员素质高，则财务管理水平较高；财务人员素质低，则财务管理水平较低。财务人员的职业素质包括专业素质和职业道德素质。专业素质即财务人员应具备的知识结构、专业技术水平、业务能力等；职业道德素质即财务人员是否自觉遵循财务会计工作的道德标准。财务人员的职业素质管理要从财务人员的专业素质、职业道德素质等方面着手，选拔优秀的财务主管，带动财务部门整体素质的提高。

（1）财务人员的专业素质管理。财务人员的专业素质将影响高校财务管理的整体水平，为保证财务管理的质量，必须对财务人员提出更高的要求。专业素质管理主要是通过明确财务人员准入条件、培养在岗财务人员的素质等措施进行的。

第一，高校财务人员素质的历史成因。20 世纪 90 年代初，高校开始实行费用分担的缴费上学制度，从单一的依靠财政拨款，发展到依靠财政拨款、学费、捐赠等多渠道收入，高校财务人员也开始有所作为。到了 20 世纪 90 年代末，高校开始大规模扩招，随后高校进入了前所未有的融资建设大发展时期，高校遇到的资金问题越来越多，财务部门的功能逐步扩大，业务也越来越复杂，拓展了财务人员的发展空间。随着高校的发展，对财务人员的要求逐步提高，形成了阶梯状的人员素质结构，人员素质出现参差不齐的状况，越是历史悠久的高校，留有的历史痕迹越明显。因此，随着高校的发展和财务专业化要求的提高，人员淘汰不可避免，对于部分素质不高、不爱学习、不求进步、不能适应专业化需要的财务人员，可轮岗到凭证装订、会计档案管理等专业化要求较低的手工或半手工岗位。高素质人员最终取代低素质人员，将是发展的必然趋势。

第二，高校财务人员的准入条件。现代高校财务管理需要高素质的管理人才，在录用财务人员时，应该设置一定的准入条件，但由于道德素养是通过日常行为表现出来的，面试时很难以考试的方式发现，因此准入条件一般针对专业素质。高校财务人员的录用，一般应具有学历、专业、工作经验、年龄等方面的准入条件。

学历条件。例如，本科高校培养的是本科以上的人才，一般情况下高校管理人员应该具备本科以上学历，否则管理人员的层次与高校培养的人才层次不相适应。高校财务人员是管理岗位的专业技术人员，因此必须具备本科以上学历。

专业条件。高校财务部门的主要功能为会计核算和财务管理，两者相互联系、互相渗透。核算过程包含管理内容，管理过程需要核算的数据，高校财务人员既要会核算也要懂管理。财务人员的专业要求一般为：会计专业或经济类的其他专业，但必须具备计算机应用的基本知识；系统软件管理和维护人员可以是计算机专业的，但必须具有一定的会计专业基础知识。

工作经验。高校的一般财务人员只需要符合学历条件和专业条件的应届毕业生，不一定要求有工作经验。会计机构负责人或财务主管应该具备财务工作经验，如果非专业人员，则对会计机构的管理也只能是行政上的领导，难以深入到专业领域。在实际工作中，因干部轮岗的需要，部分高校会计机构负责人是从其他部门轮岗而来，不具备财务工作经验及会计从业资格。随着未来高校的发展和管理体制的改革，会计机构负责人专业化将是发展的趋势。

年龄。高校财务人员录用年龄应该区别对待，如果录用年轻人，应选择高校毕业生；如果不是年轻人，则须具备技术职称和工作经验。

第三，新进人员岗前培训和业务指导。会计专业是应用型专业，新进的财务人员需要一段时间的实践和适应过程。对新进财务人员进行岗前培训和业务指导，使新进财务人员能以最快的速度胜任岗位工作，也是提高财务人员素质的有效办法。一般情况下，高校新进财务人员不是批量的，而是一次录用几个人，不适合采用培训班的形式。在管理实践中，对新进财务人员采取一对一的业务指导，即挑选业务素质好的优秀财务人员对新进人员进行“传、帮、带”，讲解工作内容和指导具体业务，一般指导 1 ~ 3 个月，新进人员基本上就可以独立工作。如果由新进人员自己摸索，没有人给予业务指导，则适应岗位的时间最快为半年或者更长。

在激烈的竞争环境下，如何让优秀的财务人员将经验和技能传授给他人，而又不会有危机感是个需要妥善处理的艺术问题。首先，要明确“传、帮、带”是一项组织分配的工作任务，不是个人意愿和个人行为；其次，要给传授者一个荣誉，那就是被传授者的老师；最后，要在内部形成一个道德底线约束机制及和谐的工作环境，如果没有和谐的工作环境及财务人员道德底线约束，则难以实现“传、帮、带”。

第四，高校财务人员知识结构要求。对于从事高校财务管理的会计人员来说，具备会计专业知识只是一个基础。由于会计学是具体操作的微观领域的学科，再加上会计法律法规对会计工作作出的具体约束和规范，高校财务人员如果知识结构单一，则容易形成内敛的个性，给人谨小慎微、做不了大事的感觉。有的高校领导宁愿提拔一个非专业人员任会计机构负责人，也不愿用纯会计专业的人才，除了具备政治素质的因素外，人才知识结构与高校财务管理的要求存在偏差是主要的原因。所以，一个合格的高校财务人员其知识结构应该是全面的，除了会计专业知识外，还必须具备计算机、管理学、经济学、统计学等其他相关学科的基本知识，成为综合型应用人才。

计算机知识。随着电算化的普及和网络时代的发展，现代高校会计核算和财务管理是通过计算机软件和网络信息来进行的，如果没有计算机方面的知识，则无法从事高校会计工作。计算机知识是除了会计学知识以外，财务人员必须具备的基本知识。

管理学知识。高校财务管理需要运用管理学方面的知识，因此财务人员必须具备一定的管理学基础知识。

经济学知识。会计学是微观领域的学科，为了弥补宏观知识的不足，财务人员需要了解经济学方面的知识，把握宏观经济发展，把微观与宏观知识结合起来，才能做好高校财务管理工作。

统计学知识。财务管理涉及数据分析，财务人员需要了解统计分析方法，因此必须具备统计学的基础知识。

第五，高校财务人员素质的培养。高校财务人员被淘汰下岗的情况很少，要让在岗人员主动提高自己的素质，归结起来要有激励的机制、良好的环境、提高的途径。

激励的机制。建立尊重专业人员技术职务的机制。目前高校仍然是行政化管理体制，因此首先要建立尊重专业人员技术职务的机制，如果对财务人员基本的技术等级身份都不予以认可和尊重，其他一切都无从谈起。一方面，高校要鼓励财务人员参加职称考试，通过考试培养学习习惯，提高业务水平；另一方面，高校要尊重会计专业技术职务，在提拔行政管理职务等方面，应该把会计专业技术职务作为重要的参考因素。在同一条件下，专业技术职务的高低标志着个人付出的努力不一样，因此应有区别地对待，以激励财务人员积极进取。另外，应建立技术学术奖励机制。为了最大限度地发挥财务人员的技术水平，提高工作效率，高校应当建立绩效考评制度，开展技术评比活动，对工作表现出色、办事效率高的财务人员给予奖励；为了激励财务人员参与学术活动，在专业论文方面，要根据发表论文的质量等级给予一定的奖励；在课题研究方面，对获奖的课题组给予一定的配套奖励金。

良好的环境。环境因素对财务人员整体素质的影响非常大，良好的环境有利于财务人员整体素质的提高。良好的工作环境需要营造，主要包括两个方面：①管理者营造。高校各级管理者应为财务人员营造积极向上、健康进取、团结协作的良好工作环境，让财务人员全身心地投入工作和学习当中。②财务人员自己营造。如果工作环境比较差，可以从少部分业务骨干开始，把风气引向好的方面，逐步扩大影响力，最终从量变到质变，改变恶劣的环境，形成健康向上的良好氛围。

提高的途径。①学历教育或进修学习。高校财务人员具有其他行业财务人员无法比拟的优势条件，很多高校在本、专科或研究生阶段开设了会计或其他经济类专业，在职参加各类学历教育或进修比较方便。高校应鼓励财务人员在不影响日常工作的情况下，参加各类学历教育，或选送人员进修学习。②继续教育培训。会计类的专业知识更新比较快，因此财务人员必须每年参加继续教育培训，对自己的知识进行一次“更新换代”。继续教育学习是“老会计”跟上新时代发展的有效途径。除此之外，财务人员还可以自学。

（2）财务人员的职业道德素质管理。职业道德素质是财务人员素质的重要组成部分，出色的专业素质和良好的道德素养构成了高素质的会计人才。

第一，财务人员职业道德素质标准。会计人员在会计工作中应当遵守职业道德，树立良好的职业品质、严谨的工作作风，严守工作纪律，努力提高工作效率和工作质量。

第二，财务人员职业道德素质培养。一个人的道德修养是通过家庭教育和社会教育逐步形成的，但在同等的教育环境下存在着个体道德修养的差异。财务人员的职业道德素质是在其选择会计作为自己的职业后逐步形成的，加强财务人员职业道德教育是培养职业道德素质最直接、有效的途径。

（3）财务主管的选拔及专业化管理。财务主管对会计机构及财务人员的整体素质有很大影响，因此财务主管的选拔也是财务人员职业素质管理的重要组成部分。

第一，财务主管对会计队伍整体素质的影响。在高校财务管理实践中，财务主管对会计主流人群的影响主要有四种类型：正向引导型、不闻不问型、负面带动型与混合型。

正向引导型。这种类型的财务主管一般属于高素质的人才，通过主管的榜样效应，财务人员也以成为高素质人才作为自己的努力目标，同时通过主管的业务指导使会计队伍的整体素质得到提高，从而得以产生一批高素质的财务人员。正向引导型主管对会计队伍素质的提高具有积极的影响。

不闻不问型。这种类型的主管一般属于性格内向或自己管自己、不喜欢管别人的人。在这种情况下，财务人员或自由放任或自我发展。不闻不问型主管对会计队伍的素质影响不大。

负面带动型。这类主管一般有自己的癖好，而且可以鼓动他人也产生与他同样的癖好。这类主管的负面影响很大，不但无法提高会计队伍的整体素质，而且可以降低整个财务部门的工作效率：由于是主管带头和倡导的，不理智的人跟群，明智的人沉默。

混合型。混合型主管介于以上三种类型之间，属于大众化的人员，对会计群体的影响不是特别突出。

第二，财务主管的选拔。选拔财务主管，不仅要看其专业素质和能力，还要看其对会计主流人群可能产生影响的类型。

担任财务主管的基本条件。担任单位会计机构负责人（会计主管人员）的，除取得会计从业资格证书外，还应当具备会计师以上专业技术职务资格或者从事会计工作三年以上经历。

专业素质和管理能力要求。《会计基础工作规范》对财务主管的业务素质和能力作了规定：主管一个单位或者单位内一个重要方面的财务会计工作时间不少于两年，熟悉国家财经法律、法规、规章和方针、政策，掌握本行业业务管理的有关知识、有较强的组织能力等。一般来说，财务主管是会计群体中的佼佼者，具有让人信服的专业技术水平和政策水平，知识结构比较全面，具有把握全局的组织协调能力。

对会计群体影响的类型选择。①应当选择正向引导型的财务主管，以利于会计队伍整体素质的提高，创造和形成积极向上的工作环境；②可选择不闻不问型的主管，对会计主流群体影响不大，即使没有好的影响，至少也没有坏的影响；③选择大众化的混合型主管。切不可选择负面带动型的主管。

第三，财务主管的专业化。虽然很多高校的财务主管是由专业人员担任的，但就高校整体而言，如果不改变现行的行政化管理体制，那么财务管理的专业化还有漫长的路要走。高校财务管理的专业化需要具备两个前提条件，即现实需要与管理体制。

随着近几年的发展，高校外部和内部的经济环境都发生了重大的变化。外部环境中，市场经济发展逐步走向完善；内部环境中，虽然计划经济的痕迹还比较明显，但在高校与外部的交互关系中，市场经济的因素已经渗透到了高校，高校内部各种经济关系越来越复杂，特别是融资建设方面，虽然惊人的负债最终由政府出手救助和控制，但已经有了与市场的紧密接触。大规模的融资行为对专业化管理提出了要求，高校财务专业化管理的现实需要条件已基本具备。

现行的高校管理体制是行政管理体制，财务管理是高校行政管理的一部分，财务主管（或负责人）可能是行政长官，不是专业人员。虽然《会计法》明确规定了担任单位会计机构负责人（会计主管人员）的，除取得会计从业资格证书外，还应当具备会计师以上专业技术职务资格或从事会计工作三年以上经历，并且《高校总会计师管理办法》也对高校财务专业化管理进行了推动，但在现实中，高校财务专业化管理还没有得到全面的推广。会计法规对财务主管的任用条件与干部管理制度存在不一致，部分高校按照会计法的条件任用财务主管，部分高校按照干部管理制度的要求任命财务行政领导。高校财务管理专业化的体制条件还未完全具备。

高校财务管理专业化的现实需要条件虽已具备，但体制条件尚未成熟，实现财务专业化管理还需要时间。随着我国市场经济的成熟和高校改革的推进，高校财务实现专业化管理是必然的趋势。

3. 高校财务人员的职业风险管理

会计法赋予会计人员监督的使命，但会计人员又不属于执法者，而只是专业技术人员，使命与身份的差异，是会计职业特有风险的根源。首先是“依法办事、搞好服务”这一矛盾的职业道德约束；其次是会计人员行为规范的约束以及法律、法规的制裁，会计档案的最低保管期限一般为 15 年，在 15 年内发现问题还可以追溯责任。因此，会计职业属于高风险职业，高校财务管理部门及成员必须做好财务人员的职业风险管理。

（1）财务人员的职业风险。高校财务人员的职业风险分为内在风险和外在风险：内在风险主要是由于财务人员的专业水平、政策水平等个人素质问题而产生的风险；外在风险是社会大环境以及高校小环境对财务人员的影响而产生的风险。

第一，内在风险。

经济风险。由于疏忽大意或业务不精、水平有限等技术问题，发生业务差错，导致经济损失，从而给个人和单位造成经济风险。

法律风险。由于不熟悉国家财经法律法规，政策水平较低，不懂得什么能做什么不能做，只凭感觉或听从他人指挥做事，因盲目而发生违法违规行为，造成法律风险；或者财务人员由于受利益驱动，丧失了职业道德，做出主动做假账等违法行为，造成法律风险。

第二，外在风险。外在风险来自外部环境，因此只有在良好的社会经济环境以及遵纪守法、依法办学的高校内部环境下，财务人员的外部风险才会降到零。在不完善的经济环境下，财务人员的外部风险始终存在，归纳起来有违意风险和违法风险两类。

违意风险。违意风险是指财务人员未按指使人或授意人的意图做出违反法律法规的会计事项，从而可能带来被打击报复的风险。

违法风险。违法风险是指财务人员被指使或被强迫，按照指使人的要求做出违法违规的会计事项，从而可能带来被追究刑事责任的风险。

（2）财务人员的风险保护。财务人员的内在风险可以通过个人努力，逐步精通业务和掌握经济政策来化解，通过职业道德教育和法律制裁来规范。财务人员的风险主要来自外在风险，由于外在风险来自环境和他人，因此不能通过自身努力来解决，需要改善环境，社会也应给予应有的风险保护。财务人员风险保护的主要途径有以下四种：

第一，完善会计法规。高校财务人员是普通的专业技术人员，而不是最终决策者，却担负着与之身份不相符的执法者的使命，各项财经法律、法规必须由财务人员去执行和落实，显然责权不对等，责大于权。因此，必须完善相应的会计法律，降低财务人员的法律责任，提高与权力相当的其他人员的经济法律责任。2000 年颁布的《会计法》已经作了修改，将单位负责人列为会计工作和会计资料真实性、完整性的责任人，为财务人员规避外在风险提供了最有力的保护。同时，要让违法者为违法行为付出更大的代价，而不是让财务人员承受更大的风险，以减少违法行为的发生，从而降低会计职业风险。

第二，改善会计执法环境。有的高校简单地把财务人员列入服务人员的行列，将职责界定为广大教职工服务，却忽略了法律赋予财务人员执行财经法律法规的职业使命。财务人员往往处于高校经济利益冲突的风口浪尖，在学校利益、个人利益和国家利益中，按照法律、法规与自身风险进行抉择和平衡。会计依法办事的执法环境不完善，执法困难，承受的压力和风险大，很少有人同情财务人员因执法而遭遇的不公。因此，需要各方面共同努力改善执法环境，在做好服务的同时保护财务人员依法办事的权利。

第三，完善经济责任制。建立和完善校、院、系三级领导经济责任制，开展经济责任监督，降低会计风险。对新任各级领导干部进行会计法和其他财经法律法规的普及培训，了解自己的经济责任，避免违法违规行为的发生。在保护领导干部本人的同时，达到保护财务人员的目的。

第四，财务人员应加强学习和提高素质。加强学习、提高自身素质是财务人员规避内在风险的最有效办法。政策水平高，业务素质好，在工作中减少差错，主动按国家经济法律法规办事，就可以最大限度地减少经济风险，并规避违法风险。

（二）高校财务人员的岗位控制

财务机构（会计机构）的内部风险主要来自两个方面：一是因财务人员及会计主管业务素质低而发生的差错或失误所带来的经济风险；二是财务人员职业道德缺失而发生的犯罪行为所带来的经济损失。这两种风险都跟管理不善和岗位控制不严有关，但经济犯罪比起差错和失误后果更加严重，如何防范犯罪行为的发生与提高财务人员职业素质同等重要。应当对人员进行合理的岗位分工，建立会计岗位经济责任制，实行岗位轮岗制度以阻断危害行为的惯性延续，通过设置账务处理程序，使业务在不同岗位之间互相监督，最终达到控制会计行为、降低内部经济风险、防范犯罪行为发生的目的。

1. 会计岗位分工管理

（1）会计岗位分类。根据高校财务工作的特点和会计信息化要求，按性质不同可将会计岗位分为以下五类。

第一，行政或业务主管类岗位。①会计机构负责人岗位：财务处长、副处长；②会计主管岗位：业务科室科长。

第二，财务管理类岗位。①预算管理岗位：预算编制、下达、调整、控制管理；②收入管理岗位：拨款申请、核对以及合同款催收管理；③学生收费管理岗位：学生学费、住宿费、考试考务费、报名费等各类事业性收费及代办费管理；④固定资产管理岗位：固定资产入库登记、报废处理、盘点清查管理；⑤票据管理岗位：各类票据的申购、领用、核销管理；⑥档案管理岗位：会计记账凭证、账簿、其他会计资料管理；⑦财务系统管理岗位：财务系统数据库维护、数据备份管理。

第三，会计核算类岗位。①支出审核及凭证制单岗位：原始凭证审核、录入财务电算化系统、生成记账凭证等；②会计报表岗位：年终决算报表填报、其他报表填报和财务报告撰写等；③科研项目核算岗位：科研项目原始凭证审核、录入财务电算化系统、生成记账凭证、会计账簿，科研课题结束后填制结题收支报表等；④基建项目核算岗位：基建项目原始凭证审核、录入财务电算化系统、生成记账凭证、会计账簿和会计报表等；⑤工资核算岗位：工资造册、发放或转入职工工资卡等；⑥材料核算岗位：对实验材料、教学材料、办公用品、维修材料等进行进出仓核算、盘点等；⑦往来款清算岗位：暂存暂付款和应收应付款的结算、清理和管理。

第四，资金结算类岗位。①现金出纳岗位：现金或现金支票收付；②非现金出纳岗位：转账支票、网上银行电子支票收付、收款发票填制等。

第五，稽核复核类岗位。①复核岗位：电算化流水作业中的原始凭证和记账凭证核对、付款支票核对等；②稽核岗位：所有财务管理和会计核算工作的抽查、核实。

（2）岗位分离与兼容控制。岗位分工明确后，根据《会计法》的要求，对不相容岗位进行分离控制，相容岗位可以进行兼容管理。

第一，岗位分离控制。对不相容岗位进行分离，出纳人员不得兼任稽核、会计档案保管和收入、支出、费用、债权债务账目的登记工作。记账人员与经济业务事项和会计事项的审批人员、经办人员、财物保管人员的职责权限应当明确，并相互分离、相互制约。

第二，岗位兼容管理。为合理配置人员，提高工作效率，对可兼容的其他会计岗位，可以一人多岗，也可以一岗多人。比如，一人身兼预算管理、收入管理等职务；支出审核及记账凭证制单岗位，由于工作量大，可以一岗多人，安排多个人做同一岗位的工作。

2. 会计岗位轮岗制度

为了加强各岗位之间的相互学习，了解和掌握每个岗位的具体业务特点，提高财务人员的综合素质，财务人员应在各会计岗位之间进行定期轮换，即实行轮岗制度。会计轮岗一般为 2 ~ 4 年轮换一次。

（1）财务机构负责人轮岗。在高校会计轮岗中，最为棘手的问题是财务机构负责人轮岗：如果财务机构负责人是财务专业人员，那么轮岗到其他部门会专业不对口；如果是非财务专业人员的其他部门负责人轮岗到财务机构，则会因为专业不熟悉，不利于高校财务机构的管理。因此，财务机构负责人由财务部门内部培养和替换，不失为一个可以权衡利弊的办法。

财务机构负责人轮岗，一般三年一次，最长不应超过六年。从高校财务管理的实践看，在负责人的岗位上时间太长，人会变得麻木和惯性，即使出现经济风险也很难发觉。在岗时间越长，积累的管理漏洞和不完善问题可能越多，出现经济风险的概率也会增大。如果六年内进行岗位轮换，工作中的漏洞和风险就会因岗位的轮换而被发现或阻断，高校可以避免由此带来的经济损失和不良影响。

（2）财务主管（科级干部）轮岗。财务主管（科级干部）轮岗，可以在财务机构内部进行，也可以根据个人意愿轮岗或提升到其他部门，不再从事财务工作，但轮岗到其他部门的人员应不是专业人员，否则对财会队伍的建设不利。为了与财务机构负责人轮岗相互协调，财务主管三年轮岗一次比较合适。

（3）一般财务人员轮岗。一般财务人员轮岗主要还是在财务机构内部进行，财务部门可供轮换的会计岗位较多，因此一般财务人员轮岗的时间不应太长，2 ~ 3 年轮岗一次比较好，可以全面了解各岗位的工作。

3. 会计岗位责任制

岗位责任制是根据各个工作岗位的工作性质和业务特点，明确规定其职责、权限，并按照规定的工作标准进行考核及奖惩而建立起来的，要求做到规范岗位设置、明确岗位职责、强化岗位职责检查、实施岗位责任制考核与奖罚的制度。

（1）岗位责任制的作用。

第一，规范学校财务会计行为，强化会计核算和财务管理职能。

第二，提高工作效率和服务质量，充分调动和发挥财会人员的积极性。

第三，更好地履行会计核算、财务管理和会计监督职能，为教学科研行政后勤等服务，促进各项事业的发展。

（2）岗位责任制的依据。依据《高等学校财务制度》《高等学校会计制度》《内部会计控制规范》《会计基础工作规范》及有关法律法规对会计机构职责、会计机构设置、岗位设置、岗位职责、不相容职务相分离的基本要求，结合单位财会工作的实际情况，制定岗位责任制。

（3）会计岗位设置的要求。

第一，实事求是，充分考虑、体现高等学校的实际情况，使得可操作性强。

第二，财务会计岗位设置力求“横向到边、纵向到底”，岗位职责规范明确。

第三，不相容职务相分离。

第四，加强考核监督，奖惩结合。

（4）会计岗位职责的设定。会计岗位职责是指每个会计岗位应该完成的任务及应当承担的经济责任和风险，高校财务人员的岗位职责主要包括以下几个方面。

第一，财务机构负责人岗位职责。财务机构负责人的岗位职责大体可归纳为：负责会计机构工作的职责；财务规章制度的制定、贯彻和监督职责；预、决算工作职责；收支管理职责；协调沟通职责；财务人员管理职责等。

负责会计机构工作的职责，即在校长或主管财务副校长的领导下，全面负责财务机构工作，制订年度工作计划，参与学校经济决策及有关经济协议的拟定，对经济事项进行把关，当好管理层的经济参谋。

财务规章制度制定、贯彻和监督职责，即贯彻执行《会计法》及其他财经法律法规、规章制度，根据学校的具体情况制定学校内部财务管理制度和管理办法，督促检查学校各项财务规章制度的执行情况。

预、决算工作职责，即根据学校教育事业发展规划和《预算法》的要求，编制学校年度收支预算方案，初步审核学校财务预算编制情况、年终决算及报表编制情况，及时向有关部门及管理层提供财务报表和其他综合性财务资料。

收支管理职责，即合法、合理地组织各项收入，按照勤俭的原则，节约使用预算经费，对各项支出口径及重大事项支出进行把关，提高经费使用效益。

协调沟通职责，即负责同财政、税务、物价、银行等机构的联络以及同校内其他部门的沟通协调工作，负责审定对外提供的会计资料，定期或不定期地向校领导汇报财务收支情况，向校内各部门通报本部门预算执行情况。做好各科室、岗位之间的协调工作，使信息上传下达。

财务人员管理职责，即负责财务人员职业道德教育，组织财务人员参加业务培训，为财务人员参加业务培训和自学创造条件，提高财务人员的技术水平和服务质量，实现会计管理科学化；监督检查财务人员履行职责及工作完成情况；应用现代信息技术，实现财务管理和会计核算的信息化、网络化；对本部门的会计工作，实行宏观控制和监督。

第二，会计主管岗位职责。会计主管岗位职责主要包括：配合会计机构负责人做好各项业务；协调科室内部各会计岗位的工作；与其他科室进行沟通，协调相关工作；起草与科室业务相关的文件，接受各类检查；承担各岗位考勤统计和财务人员继续教育管理；负责做好学校资金筹集的具体工作等。

第三，财务管理类岗位职责。

预算管理岗位职责。负责编制学校年度预算、预算指标分解下达和预算调整；负责预算凭证的编制、审核、录入以及各单位的经费卡（或本）的制作和管理等工作；配合财务主管做好经费支出管理和部门经费预算控制，检查各预算执行单位的预算执行情况，定期对预算执行情况进行分析；负责二级学院的收入分配管理，以及学校财政账户的上缴、返拨及账务核对工作等。

收入管理岗位职责。负责申请财政预算拨款，核对预算拨款进度，以及各类收入款项的催收和入账工作等。

学生收费管理岗位职责。负责学生学费、住宿费、考试考务费、报名费等各类事业性收费及代办费的管理工作。办理收费标准的申报、收费许可证的变更和年检，保管好收费文件。与招生部门配合，及时获取新生名单，建立学生收费数据库，做好学生收费的入账和数据库管理工作。负责学费的收取、退回及票据打印、发放、统计、催缴以及收费软件的管理等工作；报告学生收费进展和学生欠费情况；处理学生退学、休学、转专业等情况的学费结算。负责奖学金、助学贷款等的发放；配合学生资助管理中心做好学生助学贷款的相关工作等。

固定资产管理岗位职责。负责审核固定资产申购的手续；办理固定资产入库登记、建账、立卡；定期进行固定资产盘点和清查，对报废资产办理报废手续并予以处理；进行固定资产账与实物的核对等。

票据管理岗位职责。负责财政和税务各类发票的申购和管理，校内领用票据的审核和登记，办理使用后的票据核销手续；负责物价、税务部门的年检、年审工作等。

档案管理岗位职责。负责会计记账凭证、账簿、其他会计资料的打印和装订；负责会计档案的整理、立卷、归档和查阅等工作；负责文件的签收、处理、装订、立卷、保管和归档工作等。

财务系统管理岗位职责。负责财务系统数据库软硬件运行情况的检查和维护，及时排除运行过程中发现的故障，确保系统的正常运行；根据财务软件的特点和学校的财务要求，及时对财务软件进行设置和更新；负责财务处数据及各类电子账表凭证、资料的备份，做好财务电子数据的整档、存档工作等。

第四，会计核算类岗位职责。

支出审核及凭证制单岗位职责。严格要求财务人员按照《会计法》《会计基础工作规范》和国家及校内各项财务规章制度，办理会计核算业务；审核原始凭证、录入财务电算化系统、生成记账凭证、打印记账凭证。负责接受内部核算单位的账务查询、业务咨询等。

会计报表岗位职责。负责编制会计月报、年终决算报表，负责撰写财务报告和报表数据的分析工作等。

科研项目核算岗位职责。负责学校科研（含纵向、横向）项目经费的核算与管理，科研项目原始凭证审核、录入财务电算化系统、生成记账凭证和会计账簿；控制经费的使用和支出，查询科研经费的使用情况；科研课题结题后，负责填制结题收支报表等。

基建项目核算岗位职责。负责学校基建项目会计审核、录入及相关账户的处理；对基建资金的使用情况提出分析和建议；参与基建项目的招投标、工程项目的预决算工作，参与起草有关基建项目资金支出的财务规章制度等。

工资核算岗位职责。负责工资、奖金津贴等清册的打印，并发放或转入职工工资卡，以及个人所得税扣缴、申报及相关报表的填报等工作；职工各类社保的缴交；职工公积金的汇缴、转移、调整和支取等工作。

材料核算岗位职责。对实验材料、教学材料、办公用品、维修材料等进行进出仓核算；制订材料采购计划，根据材料管理办法的规定，办理出入库手续；定期和保管员进行仓库材料盘点，每月上报材料变动、消耗明细表等。

往来款清算岗位职责。暂存暂付款、应收应付款的结算和清理；发送债权债务核对函，及时结清学校的债权债务。

第五，资金结算类岗位职责。

现金出纳岗位职责。负责现金或现金支票的收付，按《现金管理暂行条例》的规定，根据复核人员打印并签章的收付凭证，办理款项收付业务；将每日收入的现金及时存入银行，每日登记现金日记账，日终现金盘点，做到日清月结；做好有价证券的保管等。

非现金出纳岗位职责。负责银行账号和银行支票的管理；做好转账支票、网上银行电子支票的收付工作，并及时记账；每日终了登记银行存款日记账，核对当日收付款项，随时核对银行存款余额，做到日清月结；月末及时对银行对账单进行核对，填制银行余额调节表，及时处理未达账项；负责支票的保管及收款票据的填制。

第六，稽核复核类岗位职责。

复核岗位职责。复核电算化流水作业中的原始凭证，核对记账凭证科目和金额，核对付款支票金额和账号等。

稽核岗位职责。对所有财务资料进行稽核。

（5）会计岗位考核和奖惩管理。

第一，考核管理。一年考核一次，按“德（职业道德）、勤（出勤及敬业）、能（工作能力）、技术（专业技术水平）”等指标进行考核。考核应经过自我评价、其他工作人员评价、业务主管和机构负责人评价的程序，最后进行综合评价。

第二，奖惩管理。根据岗位考核情况，制定相应的奖惩办法，对于尽职尽责人员给予奖励，对不能尽责人员给予一定的惩戒。

在具体措施上，对工作表现好、岗位考核优秀的财务人员除给予一定经济上的奖励外，在职称评聘、升职等方面应予以优先考虑。对于工作表现不好、岗位考核差的财务人员，除了扣除奖金外，可以考虑轮岗到其他适合的非会计岗位。

4. 财务岗位处理程序制度控制

对每个财务岗位的工作事项进行排序，按预先设定的岗位程序进行财务处理，就是财务岗位处理程序制度。财务岗位处理程序制度可以更好地规范和约束各个岗位财务人员的行为，起到岗位之间互相监督和控制的作用，确保防范个人不良行为产生的制度环境。

“授权审批系统”对财务事项进行审批后，就进入“财务部门管理系统”进行财务处理，财务部门管理系统必须对内部财务岗位处理程序进行设定。财务岗位处理程序为流水作业式的操作规程，只有在前一岗位财务事项处理完毕后，后一岗位才能接着处理。在岗位处理程序中，经费预算岗位、审核和记账岗位、出纳岗位、复核岗位、实物管理岗位等不能由同一人独立完成，必须由不同的人负责，以达到明确责任、分割权力、不同岗位之间互相监督和制约的管理目标。财务岗位的处理程序一般进行设定：财务软件系统管理岗位对管理系统进行科目名称及代码初始设置、对预算项目进行项目名称及代码初始设置；预算管理岗位把各项目年度预算数录入系统；会计审核岗位对原始凭证按要求进行审核（包括工资、收入、收费、各项支出、投资、固定资产增减、材料购入及领用等）；记账凭证制单岗位对审核后的原始凭证进行系统录入（制作记账凭证）；复核岗位对原始凭证和记账凭证进行复核；

现金出纳岗位进行现金收付或非现金岗位进行支票转账；复核岗位核对收付情况；记账岗位进行系统记账并自动生成会计账簿；稽核岗位对整个财务处理情况进行稽核。

四、高校财务的系统构建

（一）管理层决策指挥系统

1. 财务领导体制及机构设立

要做好高校财务管理工作，首先必须厘清高校的财务领导体制问题。对于高等学校的“校长负责制”领导体制，国家有明确的法律规定，高校是没有自主决定权的。因此，高校财务领导体制必须与高校领导体制一致，在统一的领导体制下，财务管理工作的具体管理办法和管理措施可以根据最优原则来选择。

（1）管理层财务领导体制的相关规定。高校财务管理工作校长负责制，是由法律赋予校长的职责。校长是学校的法定代表人，具有全面领导和管理学校各项工作的法定权力，是学校各项工作的总负责人。因此，为理顺财务关系，落实经济责任制，根据责权相结合的原则，高校的财务工作由校长负责，只有这样，校长才能及时了解财务工作状况，全程监控财务活动。

（2）管理层领导财务工作的实施形式。高校管理层领导财务工作的形式多种多样，主要有校长直接领导学校财务工作、学校领导班子共同管理学校财务工作、财经委员会管理学校财务工作、总会计师管理学校财务工作等。

第一，校长直接领导学校财务工作。校长直接领导学校财务工作，是指校长亲自负责全校的财务工作，并指挥财务部门具体管理财务工作，财务部门负责人直接向校长汇报财务工作情况。校长领导财务工作，财务部门负责人具体管理财务工作，这种校长负责制和财务处长管理制，是高校对学校财务进行管理的主要形式。

第二，学校领导班子共同管理学校财务工作。领导班子共同管理学校财务工作，即校长委托分管财务的副校长管理学校财务工作，委托分管学院及部门的副校长管理本学院及本部门的经济工作及预算资金使用等，在校长的领导下，学校领导班子共同管理学校财务工作也是高校管理层领导财务工作的一种主要形式。

第三，财经委员会管理学校财务工作。财经委员会管理学校财务工作，是指学校成立由校领导和相关部门经济管理人员组成的财经委员会，协助校长管理学校的财务工作。相对来说，财经委员会由懂经济的人组成并实施管理，因此从理论上讲对学校财务工作的管理更为有利。

第四，总会计师管理学校财务工作。总会计师管理学校财务工作，即由总会计师协助校长全面管理学校的财务工作。总会计师制度是中国经济管理的重要制度，在高等教育未普及前，高校的资产和收支总量不大、经济业务比较简单，财务管理的主要任务是管好、用好经费，所以高校总会计师制度没有得到重视和推广。随着我国市场经济的完善和高校的发展，对财务管理专业人才的需求越来越迫切，客观上要求高校加快财务管理专业化的进程。在这样的背景下，高校总会计师制度将会得到前所未有的发展，总会计师管理高校财务工作将成为未来的主要形式。

（3）高校财务管理机构的设立。财务领导体制确立后，管理层必须设立财务管理机构，负责日常财务工作的管理。根据高等学校财务制度的要求，高校管理层必须单独设置财务处作为一级财务机构即校级财务机构，在校长负责和管理层的领导下，统一系统构建管理学校的各项财务工作。因工作原因，需要设置二级财务机构的，二级财务机构的财会业务必须由一级财务机构统一领导、监督和检查。

2. 财务管理模式选择

财务工作领导体制问题落实后，管理层还需要解决财务管理模式选择的问题，即选择什么样的管理模式来实施财务管理。

（1）“集中管理”的集权管理模式。集中管理是指学校的财权、财务规章制度制定权和财务活动由学校集中管理，学校的财务收支由学校财务机构统一进行核算。集中管理模式是最早、最简单的管理模式，优点是财权高度集中，随时可以调集资金，有利于学校对资金的调控；缺点是灵活性差，不利于调动各级财务管理的积极性。这种模式适合规模小、资金少的高校，因为规模小的高校需要集中财力，重点做好某项事业，如果财权、财力分散，将影响到学校的发展。

（2）“分级管理”的分权管理模式。分级管理模式，根据高校规模的大小又可具体分为二级管理模式和三级管理模式，一般情况下是选择二级管理模式。

第一，二级管理模式。二级管理模式是指在建立健全财经规章制度、明确内部各级单位权责关系和统一领导的基础上，根据财权划分、事权与财权相结合的原则，由学校、学院进行两级分权管理，二级学院有权对学校下达的预算经费和分配的资源进行统筹安排和使用。但由于管理和监督成本高，财务收支由学校财务一级机构集中核算，二级学院可以设立报账员或财务联络员，负责学院财务报账以及与一级财务机构的联络工作。二级管理模式的优点是既能调动二级学院的积极性，又能集中全校的财力搞好学校建设；缺点是二级学院的财权有限，不能完全自主理财。这种模式适合中等规模的高校，或规模虽大但资金量不是很大的高校，这类高校需要调动校内二级学院的理财积极性，适当下放财权，但学校财力不足，须加强管理，集中全校的财力搞好学校建设。

第二，三级管理模式。三级管理模式是指在建立健全财经规章制度、明确内部各级单位权责关系和统一领导的基础上，根据财权划分、事权与财权相结合的原则，由学校、学院、系进行三级分权管理，二级学院和三级系有权对学校下达的预算经费和分配的资源进行统筹安排和使用，对财务收支进行二级核算和管理。二级核算是指学校在统一的财务收支计划和资源配置下，将预算拨给二级学院，由二级学院负责核算本级及所属的三级系的财务收支活动，在学校统一领导下，由二级学院管理本级和所属三级系的会计事务，实行学校和二级学院两级核算管理，财务部门派出会计人员或会计机构对二级核算进行监管。三级管理模式是随着高校合并及规模扩张而出现的管理模式，优点是扩大了二级学院的财权，能充分调动二级学院的理财积极性；缺点是学校财力分散，不利于资金调动，有可能出现二级学院为了自身利益损害学校的整体利益，以及各学院发展不平衡等问题。这种管理模式适合规模超大并且资金实力雄厚的高校，有利于调动学校各级的理财积极性，避免资金集中管理带来的低效率。

（3）集权与分权相结合的“混合管理”模式。混合管理模式即高校部分财权采用集中管理、部分财权采用分级管理。在学校统一领导的基础上，一方面，根据财权划分原则，将学校需要统一管理的事项如人员工资等由学校职能部门进行集中管理；另一方面，根据事权与财权相结合的原则，将教学业务费、科研费等日常业务性经费通过预算的形式由学校拨给二级学院进行分级管理。混合管理模式比较灵活，可根据需要调整集中管理或分级管理的经济事项，能够有效控制需要控制的财权，同时能局部调动二级学院的积极性。这种模式适合需要灵活调控的高校。

以上三种管理模式各有优缺点及适应性。规模小、在管理上只设置学校一级管理机构的高校，一般选择集中管理模式；规模大且设置了学校、学院、系三级管理机构的高校，一般采用分级管理模式，其中规模较大的高校一般实行学校、学院二级管理；规模超大的高校实行学校、学院、系三级管理。

3. 分级管理体制建立

（1）统一领导的内容及权限设定。在校长负责制下，高校的财务工作实行学校统一领导。统一领导的内容和权限包括如下内容：

第一，实行统一的财经方针政策和财务规章制度。在国家的财经方针政策框架下，高校管理层根据学校的具体情况和发展规划，制定和颁布学校的财经政策和发展方针。同时，高校应根据高等学校财务制度和会计制度等要求，建立健全财务规章制度，明确学校、学院的职责和权限。二级学院统一执行学校的财经方针政策，遵循国家财经法律法规、会计制度，以及学校根据实际情况制定的财务管理和会计核算具体办法，不得另搞一套、政出多门。

第二，执行统一的财务预算和资源调配。高校管理层应根据年度收支情况和学校发展需要，统一编制年度收支预算，学校的各项资源纳入统一调配。年度收支预算经管理层批准后统一执行，二级学院必须根据学校年度预算，执行本学院年度收支计划。根据各学院承担的教学、科研等任务情况，教学科研用房、设备等资源由学校统一进行调配使用。

第三，实行财会业务统一领导。学校财会业务由一级财务机构统一领导，包括财务管理、会计人员从业管理、业务培训和业务指导等。二级财务机构必须接受学校财务部门的统一领导和业务指导。

（2）分级管理的事项及权限设定。实行分级管理的二级学院，在学校的统一领导下，可以自主管理的事项和权限包括如下内容：

第一，制定具体实施办法。二级学院在执行学校统一前提下，可以根据本学院实际情况制定具体的实施办法和落实措施。

第二，统筹使用预算资金。在学校统一预算和资金配置的前提下，二级学院将学校分配的预算经费，包括学院的人员经费及教学、科研等日常公用经费等，按照学院教学等各项计划的进展情况进行统筹安排和合理使用，提高资金的使用效益。

第三，财务收支管理。在财会业务统一领导下，二级学院可以设立报账员或财务联络员，负责学院与一级财务机构的联络工作等。二级学院有权管理本学院日常经费收支，组织本学院的各项收入，并负责学院各项预算支出的审批。

（3）分级管理的考核及评价设计。如果实行分级管理，就必须对分级管理的学院进行考核，以考核结果来评价管理的效果。对二级学院的考核分为定性考核和经济指标考核两类。

第一，定性考核，主要考核财务管理能力即遵守财经法律法规的情况，以及财务管理秩序情况。

第二，经济指标考核。主要包括：①教学经费投入比重和仪器设备投入比重，即学院所有支出中用于教学方面的耗费性支出和用于仪器设备的资本性支出所占的比例，该指标可反映用于教学方面的经费是否合理；②经费投入与产出情况，该指标可反映经费支出的使用效益；③学院筹资能力，即除了学校预算拨款外，其他收入占学院总收入的比例，该指标可反映学院筹措其他资金的能力。

4. 管理和控制制度设计

高校财务管理过程是价值管理和行为控制的统一过程，价值管理是指理财，即资金效益最大化；行为管理是指控制和监督，即对经济行为进行控制，使之符合法律法规和管理的要求。在确定了财务管理体制后，管理层必须进行财务管理和控制制度的高层设计。

（1）管理系统的制度设计。制度设计是指高校为实现财务管理各系统及各环节的有效运转而制定的一整套规章制度体系。具体来说，管理层应对授权审批管理系统、财务部门系统构建管理系统、内部审计监督控制系统的有关价值管理和行为控制等制度进行设计。价值管理主要由财务部门管理系统来实现，行为控制管理涉及各个系统。对财务部门管理系统要建立价值管理制度及行为管理控制制度，如经费收支、预算决算、资产负债等各项管理制度，以及财务管理人员的行为控制管理；对授权审批管理系统、内部审计监督控制系统要建立行为管理控制制度，如财务审批应建立明确的审批权限和审批责任控制制度；对内部审计监督控制系统应建立内部审计工作规范。

此外，管理层应建立各系统之间的信息沟通与交流制度，如授权审批管理系统与财务部门管理系统之间的审批与审核信息沟通，内部审计监督控制系统与授权审批管理系统和财务部门管理系统之间的监督与被监督的信息沟通等制度。

（2）规章制度设计的内容。规章制度是高校为规范财务管理、控制财务风险而制定的各项管理办法，内部控制制度要凭借完善的内部规章制度来实现。健全的规章制度，是进行财务管理活动的前提。高校财务管理活动的各个环节，都必须建立健全规章制度。

高校必须建立的规章制度内容，主要有管理层决策制度、经济责任制度、经济审批管理办法、内部预算管理办法、收支核算管理办法、资产管理办法、负债管理办法、财务信息及数据管理制度、内部审计制度、会计人员管理办法等。

（二）授权审批管理系统

1. 授权审批和审批管理制度

授权审批是高校财务管理的一个重要环节，直接影响高校财务管理的效果。要建立和运行高校授权审批管理制度，必须搞清有关授权审批和审批管理制度的基本概念。

（1）授权审批。授权审批，是指高校内部的学院、部门或独立核算单位，按照学校经济审批管理办法的权责约定或管理层的授权委托，审批其职权范围内的财务收支、经济合同签订以及其他经济活动决策。

第一，授权审批的内容。授权审批的内容主要包括财务收支审批、经济合同签订、经济活动决策审批等。

财务收支审批。按学校审批管理办法约定范围内的审批权限，审批本级管理范围内的资金收支或预算资金的收支。

经济合同签订。学院、部门或独立核算单位负责人接受管理层的授权或委托，签订本学院、本部门或本单位相关的对外经济合同。

经济活动决策审批。在授权管理范围内，审批有关经济活动事项的决策。

第二，授权审批的原则。授权审批的原则主要包括合理授权原则、“谁主管、谁审批”原则与可操作性原则等。

合理授权原则。合理授权，就是根据经济审批事项的性质和支出额度，确定所授予的审批权限的大小。对于重要的经济事项，授权不宜太大；反之可以授予较大的权限；审批限额可根据各高校资金的具体情况设定，资金充足的高校审批限额可以设置大些，资金不足的高校审批限额可以设置小些。

“谁主管、谁审批”原则。“谁主管、谁审批”原则是以职责为前提，根据职责来设定权限。经济事项由谁负责管理就由谁来审批，以达到责、权、利相结合的目的。

可操作性原则。授权审批制度要在实际工作中具有可操作性，因此授权审批事项分类要合理，一目了然；支出审批限额标准设置不可过细过多，否则不但审批人难以掌握，财务审核管理也会因为过细而影响工作效率。

只有把握授权审批的原则，高校才能更好地根据各自的具体情况，设定符合实际的审批权限和审批金额。

（2）审批管理制度。审批管理制度，是高校建立的管理职责与经济支配权相一致的经济审批管理办法，其主要内容是审批管理制度的构成要素。

第一，审批管理制度的构成要素。审批管理制度由审批人、审批事项、审批金额及审批责任等要素构成。

审批人，即各级经济管理负责人，对审批人要从上到下分级进行设定。

审批事项，即审批的业务内容，包括收入、支出、经济合同、资产购置和处置等。

审批金额，即每一个级别审批的最高金额，超过这一金额就由上一级审批。金额由小到大，从下一级往上一级逐级审批。

审批责任，即审批人要根据经济法律法规和财务规章制度审批经济事项，对违法违规审批产生的不良后果应承担相应的责任。

第二，审批管理制度的分类。根据财务管理体制的集中管理和分级管理，可将审批管理制度分为集中审批管理制度和分级审批管理制度两大类。

集中审批管理制度。实行“集中管理”体制的高校，采用集中审批管理制度，即以校长、总会计师或分管财务的副校长、财务部门负责人为主，进行财务集中审批的管理制度。

分级审批管理制度。实行分级管理体制的高校，采用分级审批管理制度，即按内部管理层次建立起校长、分管副校长或总会计师、二级学院负责人、三级单位负责人等若干层次的各级负责人分级审批的管理制度。

将审批管理制度进行分类，有利于高校选择适合本校实际情况的审批制度类型，建立自己的审批管理制度。目前，大多数高校选择了建立分级审批管理制度。

2. 分级审批管理的设立

为了调动高校内部的积极性，使财务管理更加科学和规范，实行分级管理的高校，除全校性重大经济事项由管理层决策外，经常性的经济事项决策审批由管理层授权给各级负责人进行分级审批管理，即根据权责对等的原则从上到下进行授权，授予各级负责人相应的经济审批权并承担相应的经济责任。以两级管理为例，建立高校分级审批管理就是对审批人、审批事项的审批级次、审批限额、审批责任等构成要素进行符合高校实际情况的制度设定。

（1）设定分级审批人。高校审批人是指按照分级授权审批管理办法的规定，具有审批权限的各级负责人。分级授权审批管理的审批人由校长、分管副校长或总会计师、二级学院负责人等若干层次的各级负责人组成。

（2）设定分级审批的审批事项。高校的经济审批事项包括预算审批、收入审批、支出审批、银行贷款审批、投资审批、经济合同签订审批等。审批限额即审批金额的范围应根据各高校的资金情况而定。没有设定审批限额的经济事项，不需要按金额大小区别审批。

（3）界定分级审批责任。审批人对所审批的收支的真实性、合理性、合法性负责。各学院、管理部门批准非法乱收费或私设小金库的，由学院或部门负责人承担相应的责任。审批人不得为便于审批将单项支出化整为零；审批人或受委托签订合同人对所审批和签订的经济事项的效益性负责。对审批内容弄虚作假，或明知被审批事项不合法仍然审批的，审批人应承担相应的法律责任。

（三）内部审计监督系统

1. 授权审批审计监督

授权审批审计监督，是对授权审批管理系统实施的监督，即根据分级管理经济责任制，对授权审批系统所赋予审批人的职责和权限的履行情况进行审计监督。授权审批审计监督的形式以内部经济责任审计为主。由于高校审计部门属于学校内部监督部门，其职权只能审计监督管理层以外的二级学院、部门及单位负责人即中层干部，高校管理层的经济责任审计由政府审计部门负责。内部经济责任审计是高校通过对二级学院、部门及单位负责人任职期间，对管理职责范围内的经济审批及有关经济活动和国家财经法律法规执行情况负有的责任，进行内部审计，并通过单位的经济活动记录来查证被审计人员所承担的经济责任，做出内部审计评价。

（1）经济责任审计监督的依据及范围。在高校内部进行经济责任审计监督首先必须有监督依据，明确监督对象和范围，才能有效地开展监督工作。

第一，经济责任审计监督依据。经济责任审计监督的依据是高校分级管理经济责任制度及授权审批管理制度所授予的权限和职责。

第二，经济责任审计监督对象和范围。经济责任审计监督的对象为高校部门、二级学院及单位中具有审批权限和经济管理职权的负责人，因此审计监督的范围是被审计人员所管理的本部门、本学院和本单位所有审批的经济事项及经济活动。

（2）经济责任审计监督程序。经济责任审计监督程序按干部经济责任审计程序进行，由组织部门委托审计部门实施。

第一，由组织部委托，经管理层分管领导批准部门对被审计人员进行任期、任中授权审批等经济责任审计。

第二，审计部门接到委托书后，办理审计立项，制订审计实施方案，在实施审计的前三日向被审计人员及所在单位送达审计通知书。

第三，审计通知书送达后，被审计人员及所在单位应当按照审计要求，及时提供有关资料。被审计人员应根据经济责任审计内容，准备书面述职报告。

第四，审计组进场实施审计时，被审计人员应向审计组提交述职报告并进行述职，同时审计部门在其所在单位进行审计公示，并听取有关教职工的意见。在实施审计的过程中，要做好审计工作底稿。

第五，审计组现场审计结束，整理审计工作底稿，出具审计报告初稿。

第六，征求被审计人员及所在单位对审计报告的意见，被审计人员及所在单位对审计报告出具书面意见，审计组核实意见后，审计部门将审计报告及所在单位的书面意见，报送管理层主管领导审批。

第七，审计报告批准后，提交给委托审计的组织部门，并送达被审计人员及其所在单位执行。审计报告由学校有关部门归入被审计人员干部档案。

（3）经济责任审计监督内容。经济责任审计监督的重点是被审计人员的审批行为及经济活动的合法性、合理性。合法性即审批事项及经济活动是否符合法律法规和学校的规章制度。

2. 经济法律文书监督

经济合同是高校使用最广的经济法律文书，涉及经济技术合作、投资、贷款、联合办学、资产出租和转让、承包经营、用水用电、物资采购、工程项目承建、物业管理等。经济合同可以分为收入类经济合同和支付类经济合同两大类。

收入类经济合同包括经济合作合同、联合办学合同、资产出租合同等，这类合同可以收取合作费、学费、租金等收入或收益，收入类系统构建经济合同是合同管理和监督的重点。

支付类经济合同包括物资采购合同、工程出包合同、用水用电合同、物业管理合同等，这类合同需要支付货款、承包工程款、水电费、物业管理费等。

支付类经济合同一般是通过政府采购或工程招标程序签订，通常在采购或工程招标环节进行管理和监任。

（1）经济合同签订程序监督。经济合同签订程序监督，包括对合同起草主体、合同审批、合同用章等方面的监督。

第一，经济合同起草主体监督。高校对外经济合同应以法人的身份起草和签订，内部二级学院、部门等可以用学校的名义起草合同；非学校内部组织及个人不得以学校的名义起草合同。内部审计主要监督合同起草单位的资格是否符合要求，能否用学校法人的名义签订合同。

第二，经济合同审批监督。一般性经济合同起草完毕后，应经过授权审批系统由审批人或授权审批人进行审批；重大的经济合同应通过相关领域专业人员讨论，并经过法律顾问审核后，提交管理层决策指挥系统决策审批。内部审计主要监督审批程序是否符合规定。

第三，经济合同用章监督。高校经济合同除统一使用法人名义签订，还应该统一使用学校的合同专用章。内部审计主要监督每项经济合同是否全部统一使用学校的合同专用章，有无为规避审批以学院或部门公章代替学校合同专用章的现象。

（2）经济合同条款监督。经济合同条款监督，主要是监督条款的合法性、合理性。

第一，条款的合法性监督。经济合同应符合《中华人民共和国合同法》的规定。内部审计监督首先应审核合同条款内容是否符合法律规定，有无与法律确定冲突的条款。

第二，条款的合理性监督。经济合同条款内容应该符合正常的逻辑思维，具有合理性。内部审计应该审查合同中是否存在损害学校利益的异常条款或内容，如果存在异常条款，应进一步审查原因及可能存在的问题。

（3）经济合同的备案与履行。经济合同备案管理与履约密切相关，合同管理规范才能保障按期履约。

第一，合同备案监督。高校经济合同应由学校档案管理部门统一归档管理，内部审计应监督经济合同是否由档案管理部门统一归档管理，是否报送财务部门和审计部门备案。

第二，合同履行监督。经济合同的履行由财务部门进行审核。内部审计应监督以下事项：支出类合同按约付款是否经过财务部门的审核，是否按照合同条款审核付款；收入类合同的收入款项是否按期到账，财务部门是否督促对方及时履行合同，是否存在已到期但未收到合同应收款的事项。

3. 高校财务审计监督

（1）财务审计监督的程序。财务审计程序可分为确定审计计划、实施审计监督、编写审计报告、进行审计整改、审计材料归档五个工作程序。

第一，确定审计计划。①根据学校管理层的要求或按照审计工作计划，确定当年被审计的内部单位和审计项目。②选派人员组成审计组，编制审计工作方案，包括审计对象、时间、内容等。③向被审计单位发送审计通知书。

第二，实施审计监督。①财务部门提交与被审计项目相关的账册、会计凭证、制度等书面资料、电子数据，包括有关财务管理、会计核算、内部管理制度等文件资料，被审计年度会计凭证、会计账簿、会计报表等资料，与审计项目有关的经济合同、协议，以及其他有关财务收支的资料。②审计组实施审计，填写审计工作底稿，取得审计证据。③审计组整理、归纳、汇总、分析审计证据和审计工作底稿。

第三，编写审计报告。①审计组编写审计报告，其中包括基本情况、审计发现的主要问题、审计处理情形、整改情况等。②审计组征求被审计单位对审计报告的意见，并根据反馈的意见对有关问题进行核实、修改或复议。③审计组出具审计意见书或审计决定，经审计部门审定并签发。

第四，进行审计整改。①被审计单位将审计建议或审计建议书、审计决定书的落实情况报送审计部门。②审计部门对重要的审计事项进行跟踪审计。

第五，审计材料归档。审计项目结束后，整理审计材料；审计材料归档，建立审计档案。

（2）校级财务审计的内容。高校校级财务审计的内容，包括基本情况审计、预算审计、收入审计、支出审计、资产负债审计、净资产审计、年资决算及报表审计等。

第一，基本情况审计的主要内容。①财务管理体制与运行机制是否符合国家的有关规定；学校财务工作是否实行统一领导，是否按规定设立财务管理机构并配备合格的财会人员。②财务规章制度和内部管理制度是否健全，执行是否有效。③财务管理部门内部不相容岗位是否分设，并相互控制与制约；会计核算是否符合会计法规、会计制度和学校的规章制度。

第二，预算审计的主要内容。①预算编制的原则、方法及编制和审批的程序是否符合国家、上级主管部门和学校的规定，各项收入和支出是否全部纳入预算管理，有无赤字预算；预算调整是否按规定的程序办理并经批准后执行，有无调整项目的原因及金额的详细说明。②各项收入和支出是否按预算执行，是否真实、合法，会计核算是否符合会计制度，预算执行过程中的控制是否有效。③预算的执行情况及差异。预算的执行情况如何，如果差异较大应当进行原因分析。

第三，收入审计的主要内容。①财务收入来源的合法性。事业性收费的项目、标准和范围是否经物价部门批准，有无增加收费项目、扩大收费范围、提高收费标准等乱收费问题。②收入入账的完整性。各项收入是否及时足额到位，有无隐瞒、截留、挪用、拖欠或设置账外账、“小金库”等问题。③学费等收费收入是否按规定实行收支两条线管理，并按规定使用财政部门统一印制或监制的收费票据，是否按有关规定将应当上缴的收费收入及时足额上缴财政专户。④是否筹集到满足正常运行所需的资金，保持合理的资金结构。

第四，支出审计的主要内容。①支出是否真实，是否按预算执行，有无超预算、超计划等问题；有无转移、虚假发票报账、违反规定发放钱物等问题。②支出是否合法，是否按照国家、上级主管部门和学校规定的支出范围和标准执行，有无超标准、超范围支出等问题。③支出是否有效益，资金使用率情况，有无结余很大或损失浪费等问题。④专项资金是否专款专用，有无挤占、挪用等问题。⑤对投资项目是否进行过可行性研究，投资方向和投资规模是否合理，资金配置是否有效。

（3）二级财务机构及独立核算单位财务审计的内容。二级财务机构及其所管理的独立核算单位的财务审计内容应包括二级财务机构的建立和完善。

第一，二级财务机构审计的主要内容。二级财务机构审计的重点是机构健全情况、人员配备情况、会计基础工作规范化情况等。①会计机构建立和会计人员的配备是否符合高校财务制度规定，会计基础工作是否规范，会计手段、工作环境以及队伍建设是否符合实际需要；②会计账簿设置是否规范，内容是否完整、真实、合法，记录是否及时、清晰、准确；③会计凭证的填制是否符合要求，所反映的经济内容及会计处理是否真实、合法，会计凭证的审核、传递、归档是否符合规定。

第二，独立核算单位审计的主要内容。二级的机构管理的独立核算单位，组织形式多种多样，有事业性质的校医院、自收自支的非营利性质的服务单位、学校创办的企业或集团参股的公司等，采用的会计制度也不尽相同，校医院采用医院会计制度，公司制的企业采用企业会计制度等。对独立核算单位的财务审计，应根据每个单位的性质不同而有所差别或侧重。

（四）高校财务管理系统

高校财务管理的发展最引人注目的是财务管理的信息化。财务管理信息化是以财务部门的“财务管理信息系统”软件为主要手段进行各项管理和控制，同时财务管理信息系统与校园网、开户银行系统连接进行相关财务信息的交换和传递。因此，现代高校财务管理是由现代网络信息技术作为支撑的。与传统的财务管理相比，最大的差别就是通过网络及财务信息系统进行管理和信息交换，管理效率高、效果好。

高校财务管理信息化，体现在两个方面：①财务辅助管理信息化。网络技术和校园网建设为财务管理提供了信息沟通和交换的平台。财务信息发布和数据查询，从传统的纸质的人工传递发展为网络传递和系统自动查询；校园卡的使用，解决了校内零星收入无现金化管理的问题，增加了财务管理手段；财务管理系统与银行联合，实现了“无现金报账”“电子转账”等网上银行结算，提高了财务管理水平。②财务管理信息系统功能多样化。随着计算机技术的进步，“高校财务管理系统”已由原来单纯的电算化核算功能，升级发展为集收支核算、分级管理、预算控制、报表生成和其他软件接入等功能为一体的多功能管理系统，有利于提高管理的质量和水平。

1. 财务辅助管理信息化

校园网系统与财务管理有关的是财务网页、校园一卡通及加载的收费软件子系统，财务部门将财务管理信息系统查询功能连接到财务网站，提供给教职工和学生查询自己的工资、经费、学费缴纳等相关信息。

（1）校园网财务信息平台。通过校园网搭建的财务信息平台起到了信息沟通作用，体现了服务功能。信息沟通包括将相关国家财经制度、财务各项管理文件、学生收费项目和标准、通知等通过校园网财务网页进行发布，同时将教职工的各种建议和意见通过网站收集起来，经后台进行处理后再反馈到网页。服务功能包括查询工资及个税、学生缴费、个人科研项目、部门预算经费收支等。

校园财务信息平台除了信息查询和信息发布等基本功能外，正在逐步增加业务服务功能，如远距离账务处理、预约报销、智能排队短信通知等。远距离账务处理，使财务人员可以在财务部门办公地点以外，通过校园网办理审核和制单，摆脱了办公地点的束缚。教职工可在财务网页点击“预约报销”，输入报销内容及预约报销时间，就可以在约定的时间办理报销。智能排队短信通知功能，就是到财务部门办理报销业务时，在排队机上取完号后，可以先去办理其他事情，快到号时系统会自动通知取号人。

（2）校园卡和收费软件。校园一卡通信息系统是应用IC技术和网络通信技术专门为校园综合管理而开发的系统。“校园卡”储存学生的各项信息，除了借阅图书的功能，还可用于校内就餐、购物、交费等结算，为财务管理提供了新的手段。校园一卡通信息系统将校园卡刷卡消费的各项收入传递给财务管理信息系统中的账务处理子系统，进行账务处理。

校园网可以加载缴费软件，缴费软件系统可以进行注册或报名，然后通过个人网上银行缴费，并将收费收入传递给财务管理信息系统的收费管理子系统，进行收费处理。

（3）校园互联系统。计算机技术的发展，使经济业务实现了网络化，财务管理信息系统与网上银行对接的校园互联系统，实现了“电子转账”“无现金报账”等网上银行结算。“电子转账”即对公业务的转账、电汇、信汇等业务由网上银行转款所代替，不用到银行柜台办理；“无现金报账”即个人的差旅费、劳务费等费用可以通过财务管理信息系统与银行系统接口连接，直接将款项打入个人的银行卡，不再使用现金付款。通过网上银行进行付款及结算，有效地控制了现金风险，使财务结算更加快捷和高效。

2. 财务管理信息化系统

财务管理信息化，是通过开发和建立高校财务管理信息系统软件来实现的，高校财务管理信息系统是由财务电算化发展而来的多功能管理系统。财务管理信息系统可以根据用户的需要增加管理功能，软件开发需要满足高校“集中核算、分级管理”的要求，综合核算、管理和查询服务等功能。计算机技术对高校财务管理的作用越来越大，现代高校财务管理若离开了信息管理系统，将无从谈起。

（1）财务管理信息系统的功能。高校财务信息系统必须满足分级管理、预算控制、集中核算、其他软件接入等基本管理要求。

第一，分级管理功能。财务管理信息系统一般通过设置“部门”来实现分级管理的功能，实行学校、二级学院按部门核算及分级管理。

第二，预算控制功能。财务管理信息系统一般通过设置“项目”来实现预算管理和控制的功能，通过“科目＋项目”的双重核算管理，达到控制预算经费使用的目的。

第三，集中核算功能。财务管理信息系统通过网络将各财务人员使用的电脑终端连接在一起，根据每个人的岗位职能分工设置不同的系统使用权限。财务人员在自己的终端电脑上完成自己的岗位工作，然后由系统将每个人的工作内容统一起来，达到集中核算的目标。

第四，其他软件接入功能。财务管理信息系统在安全性的基础上可以增加接入功能，将系统外的数据传输到系统中来。系统数据也可以导出输出系统，做到数据共享，节省人力。

（2）财务管理信息系统的设置。财务管理信息系统的核算、管理和预算控制功能是通过对系统进行有效的设置体现出来的，相同的系统不同的设置，作用是不同的，恰当的设置可以把系统功能最大限度地发挥出来。

五、高校内部控制信息化建设

（一）健全内部控制机构

“内部控制的信息化是财务管理信息化的一个重要组成部分，它决定着高校经济业务和财务活动能否有效、持续、高品质地运行”。[①]高校组织结构是一种自上而下的决策结构，这也是国内高校普遍存在组织结构，所以应当加强对权力的监督。为防止越权行事的现象发生，应在学校管理中建立一个风险管理委员会，并将其作为一个独立的管理机构，配备熟悉学校学术和行政事务的人员。风险管理委员会主要负责对学校各项内部控制管理制度的建立、改革和废止等事项作出决策，对内部控制的组织实施以及运行维护进行监督与指导，对各主要业务部门的内部控制执行情况作出评估，通过有效措施防范高校内部的控制风险。

针对学校信息中心人力资源和兼具多种知识背景的复合型人才不足的问题，高校可以采取项目外包的办法，将系统建设与维护工作交给专业公司，节省下来的人力则可以投入内部控制信息化系统建设。主要业务处室、部门的负责人是内部控制建设中的重要力量，这一部分人有着更多的业务与内部

① 李岱锦．浅析高校财务内部控制信息化建设［J］．经济师，2022（05）：69.

控制经验，而且会长期在学校担任领导工作。从长远来看，这部分人更倾向于考虑信息系统的实施效果，以及为未来内部控制的建设提供后备力量。

（二）构建内部控制数据共享平台

数据共享平台是收集与存储内部控制数据的数据库，也是获取各业务内部控制数据的主要渠道。各业务系统都需要与信息共享平台相连接，在业务的进行过程中，相应的业务关键数据都会存储到平台下的数据库中，而通过内部控制信息化系统将各业务信息系统进行统一控制。信息共享平台主要包含以下模块：

第一，处理原始数据，负责对原始数据进行收集并进行统一标号，形成制度和流程汇总，然后通过编码程序将人工监督的工作变为自动控制。例如对不相容岗位进行分离、业务流程与审批提示等，将原来需要人工控制的风险点转变成程序自动控制，在准确度与效率方面都可以达到较高水平。

第二，数据库部分，信息共享平台数据库将收集到的业务数据全部进行保存，然后为各项业务提供无差别的数据支持，业务数据将在相应的授权之后对使用部分完全开放，这就方便了各个业务系统的对接，使得各业务系统之间可以有效配合。

第三，为各部门提供信息服务。在信息共享平台上将业务数据按照部门与业务归属进行分类，并设置相应的查询窗口。在该平台中业务的编码规则是统一的，所以对应某一业务，可能涉及多个部门，但是这些部门关于该业务的相关数据都进行了统一编码，这就极大地方便了业务数据的核对。例如，一笔采购业务所涉及的资产入库管理、财务报销管理、合同管理等都可以相互进行，方便数据调取，提高数据使用率。

（三）健全完善信息安全制度

网络信息安全问题是高校必须重视的问题，如果安全系统遭到破坏其潜在威胁是巨大的。维护网络信息安全一方面要依靠技术手段，但是技术只是工具层面的保障；另一方面更要依靠对信息安全完善的管理制度。即便是再高明的网络安全系统没有专业的人士按照相关规定正确维护，也只能是形同虚设。所以建立健全信息安全管理制度对于维护高校信息安全是一项至关重要的工作，学校应当高度重视。安排信息中心的主要负责人作为信息安全工作的负责人，检查信息安全制度的执行情况，安排具体人员进行学校信息系统的信息安全工作，确保网络信息安全。

高校必须将信息安全作为一项重要的工作目标，把信息安全的管理当成高校信息化建设的主要工作内容。信息安全管理制度要对各项安全工作的工作流程做出明确规定，对重要的风险一定要定期检查评估，及时根据检查结果进行改进，弥补信息安全漏洞。加强对信息安全工作人员的管理，从人员的聘用、资质审核、教育培训、绩效考核等方面对网络信息安全工作人员实施严密管理，加强人员对设备安全信息的管理，杜绝密码泄露、密钥丢失等问题的发生。

第二节　不同背景下高校智慧财务管理

一、大数据背景下的高校智慧财务建设

（一）大数据的特点与价值

1. 大数据的“4V”特点

随着大数据时代的到来，“大数据”已经成为互联网信息技术行业的流行词汇。大数据具有“4V”的特点，即海量的数据规模（Volume），多样的数据类型（Variety），快速的数据流转和动态的数据体系（Velocity）和巨大的数据价值（Value）。

（1）海量的数据规模。在信息社会中，数据以自然方式不受人意志控制地不断增长。这种激增得益于移动互联网的蓬勃发展，使得信息发布变得更加自由和便捷。随着物联网的广泛普及，大量传感器和摄像头的应用导致数据的产生速度和数量远超出人类的控制范围，引发了所谓的“数据爆炸”现象。据 IDC 的估测，数据以每年 50% 的速度增长，这被称为“大数据摩尔定律”。这一现象意味着数据的增长率呈指数级增加，超出了人们的预期。这种爆炸式增长对社会、经济和科技带来深远影响。

（2）多样的数据类型。在当今信息时代，大数据已成为引领科学研究、企业应用和 Web 领域的重要驱动力。它源源不断地涌现，涵盖了生物、交通、医疗、电信、电力、金融等多个领域的数据。这些数据类型多种多样，涵盖了结构化和非结构化数据。据统计，结构化数据约占总量的 10%，常存储在

关系数据库中；而庞大的90%则是非结构化数据，形式各异，涵盖邮件、音频、视频、微信、微博、位置信息、链接信息、手机呼叫记录、网络日志等。

处理和分析这些异构数据带来了诸多挑战。数据种类的多样性使得数据处理和分析技术面临全新的考验，需要采取复杂且难以管理的数据转换措施。另外，越来越多的数据储存在非关系型数据库中，传统的联机分析处理和商务智能工具主要针对结构化数据而设计，因此需要适应大数据时代对非结构化数据分析的需求。

正是大数据的快速增长带来了新的机遇。市场对用户友好、支持非结构化数据分析的商业软件的需求越来越大。那些能够满足这一需求的商业软件，必将在市场上获得广阔的发展空间。

（3）快速的数据流转和动态的数据体系。在大数据时代，数据的产生速度快且应用需要实时分析结果。为了实现对海量数据的快速分析，人们采用了集群处理和独特的内部设计。这种处理方式能够同时处理多个任务，提高效率。然而，尽管大数据中蕴含着巨大的数据价值，但这些价值却分散在海量的数据中。

为了获取这些有价值的信息，人们需要投入大量的资金、设备和存储空间。这意味着在大数据的构建和分析过程中，会面临高昂的成本。

（4）巨大的数据价值。通过对海量数据的分析，人们可以发现潜在的商机和趋势，作出更加精准的决策。同时，大数据也帮助企业优化运营效率，提升竞争力。

为了提高大数据的价值密度，人们需要更加精细地进行数据处理和分析。这可能包括优化算法和模型，挖掘更深层次的数据关联性，以及精确识别数据中的关键信息。通过这些努力，人们可以最大限度地发掘大数据的潜力，实现更大的商业价值和社会影响力。尽管大数据可以带来利润，但与之相比，它的价值密度相对较低。

2. 大数据的具体特点

（1）产业数据资产化。在当今大数据时代，数据已不仅仅是简单的信息，而是企业的宝贵资产和创新的驱动力。通过充分利用丰富的数据资产，互联网企业能够挖掘出数据的潜在价值，从而推动产业实现更加精准和个性化的生产、营销和获利模式。

（2）产业技术的高创新性。面对海量的数据，企业不得不不断创新和改进大数据产业技术。去冗降噪技术的应用能够有效地处理数据中的冗余和噪声，从而提高数据的质量和可用性。高效存储与融合技术则能够帮助企业更好地管理和整合海量数据，使其变得易于访问和使用。此外，非结构化数据处理技术的发展也为企业提供了更多处理多样化数据类型的能力。大数据挖掘分析工具和开发环境的不断演进，为企业提供了更加高效、高质量和个性化的服务。

（3）产业决策智能化。大数据产业不仅对企业的决策智能化发展有着深远影响，还为整个行业的决策智能化提供了重要的支撑。通过大数据的共享与交流，企业能够获取到更多的数据、技术和管理平台，以支持其决策过程。此外，大数据产业的发展也促使着生产组织方式的演变，使其向去中心化、扁平化和自组织化的方向发展。这种演变有利于促进劳动与资本的一体化，并推动决策朝着更为智能化和科学化的方向发展。

3. 大数据的重要价值

（1）大数据能够帮助企业分析。大数据分析对于企业而言具有重要的作用。通过深入挖掘市场机会与细分市场，企业可以更好地了解市场的需求和消费者的特点，从而制定相应的策略。帮助企业采取量身定制的行动，以满足不同消费群体的需求。通过搜集消费者相关信息，分析消费趋势和未来可能的产品概念，企业可以更准确地把握消费者的需求。这有助于解构消费者的生活方式，深入了解他们的生活密码，从而更好地满足他们的真正需求。还可以帮助企业发现新的客户群体、确定最优供应商、创新产品，并理解销售季节性等。通过分析大数据，企业可以了解到怎样找到企业产品需求的人以及如何找到这些人的需求。这使得企业能够建立深层次的伙伴关系，实现互信、双赢和可信赖的合作。提升企业数据准确性和及时性。通过收集和分析大量的数据，企业可以更准确地把握市场动态，及时调整经营策略和营销策略，降低经营风险。缩短产品研发时间，提高商业模式、产品与服务的创新力。通过分析市场数据和用户需求，企业可以更快地确定产品开发方向，加快研发进程，从而更好地满足市场需求。

通过大数据分析，企业还能够发掘和开拓新的市场机会。通过合理利用各种资源，企业可以精准地把握目标市场，并制定相应的营销策略和经销策略，以降低经营风险。帮助企业开展精确服务和量身定制，从而缩减沟通成本。通过细分用户群体，企业可以提供精确的服务，满足用户的个性化需求，从而提升用户满意度。

（2）大数据能够提升决策能力。在企业管理中，一个关键的问题是管理者更倾向于依赖个人经验与直觉做决策，而不是基于数据。这种做法存在一定的风险，因为个人经验和直觉可能受限于个人的主观偏见和有限的信息。因此，有必要引入大数据的概念来帮助企业作出更准确的商业决策，实现更大的商业价值。

大数据具有巨大的潜力，可以为各行业带来巨大的好处。大数据可以提供准确的信息和洞察力，帮助企业更好地了解市场、消费者和竞争对手。通过分析大数据，企业可以了解消费者的行为模式、偏好和需求，从而精确地定位产品和服务，提供个性化的解决方案，从而增加市场份额和销售额。

大数据决策具有一些独特的特点。大数据可以实现从量变到质变的转变。大量的数据可以用来发现潜在的模式和趋势，从而帮助企业作出更具洞察力的决策。大数据决策需要更高的决策技术和知识含量。企业需要投资于数据科学和分析技术，以便正确地解读和分析大量的数据。大数据决策可以催生出重大的解决方案。通过分析大数据，企业可以发现一些潜在的机遇和挑战，从而提出更有效的解决方案，提高企业的竞争力。

为了实现从数据到知识的转变，企业可以采取一些措施。企业可以建立一个完善的数据资源体系，确保数据的准确性和及时性。企业可以进行数据加工，利用数据挖掘和机器学习等技术，提取有价值的信息和洞察力。企业还可以将历史数据与领导关心的指标相连接，以便更好地辅助领导层的决策。通过这些措施，企业可以更好地利用大数据来辅助决策，提高决策的准确性和效率。

大数据不仅在企业层面具有重要意义，还在宏观和微观层面上产生积极影响。在宏观层面，大数据可以帮助经济决策部门制定科学的经济政策。通过分析各种经济数据，政府可以更好地了解经济的状况和趋势，从而采取相应的政策措施，促进经济的健康发展。在微观层面，大数据可以提高企业的经营决策水平和效率。通过分析大量的数据，企业可以更好地了解市场需求，优化生产和供应链管理，降低成本，推动创新，为企业和行业带来更大的价值。

（3）大数据能够提供个性化服务。大数据的出现为个体提供了个性化的医疗服务。通过实时监控和警示系统，大数据能够帮助人们及时发现感染和身体不适的迹象，并且提供准确的治疗方案。借助大数据分析个体累计的历史数据和遗传特征，个性化医疗也实现了，包括针对特定疾病易感性和药物反应的分析。这意味着医疗工作者可以根据每个人的个体数据提供更加精准的治疗方案，提高治疗的效果。

大数据对早期检测和诊断也起到了重要的作用。对于一些需要早期手术治疗的疾病，比如肺癌，大数据的应用可以大大降低给卫生系统带来的负担。通过分析大量的临床数据和患者反馈，医疗系统可以更早地发现疾病的迹象，从而提供更加及时、有效的治疗方法。

在教育领域，大数据也发挥了巨大的作用。借助大数据支持下的教育模式，教育系统可以实现弹性学制、个性化辅导、社区和家庭学习等。每个人的学习需求和特点都可以得到更好的满足，释放出每个人的学习潜力，使每个人都能够取得成功。通过分析学生的学习数据和行为模式，教育系统可以提供针对性的教学内容和个性化指导，帮助学生更好地理解和掌握知识。

（4）大数据推动智慧驱动下和谐社会。智慧城市建设在国内如火如荼地进行着，涵盖了智能安防、智能电网、智慧交通、智慧医疗、智慧环保等多个领域。其中大数据的支持是实现智慧城市的源泉。

在交通领域，大数据分析通过指导公交线路设计和调整车辆派遣密度，实现了车流的指挥控制，从而有效缓解了城市交通负担。同时，大数据的运用还帮助城市交通部门更好地预测和应对交通拥堵、事故等问题。

在医疗领域，数字化病历档案结合医疗和患者数据分析的结果，可以应用于远程诊疗和医疗研发，并为商业和公共政策的制定提供有力的辅助。通过大数据的分析和应用，医疗机构可以更加高效地管理患者信息、进行疾病预测和管理，并提高医疗资源的利用效率。

智慧城市建设的推进也带动了政府大数据应用的实质性建设，推动了当地大数据产业的发展。各个领域对大数据的应用价值也初现，从传统行业到新兴产业，每个领域都在不断发掘大数据的潜力，并将其应用于提升效率、改善服务和推动创新。

（5）大数据用来描述数据价值。在业务运营中，数据扮演着至关重要的角色。这些数据通常以标签形式存在，并通过初步加工来描述业务情况。其中，描述性数据涵盖诸如营业收入、利润、净资产等重要信息。

对于电商平台企业来说，描述业务的数据尤为重要，包括交易额、成交用户数、网站流量、成交卖家数等指标。这些数据不仅有助于业务人员了解业务的发展状况，而且为管理层做出正确的决策提供了基础。

在处理这些数据时，分析数据的框架被认为是最具价值的描述数据方式。这样的框架能够迅速展示经营状况和细节数据，让人一目了然。借助数据分析，业务人员能更好地把握企业的运营状况，从而作出更明智的决策。

（6）大数据能够体现时间价值。它利用大量历史数据进行分析，揭示了过去的趋势和模式。时间作为历史的代表维度，对于大数据应用至关重要。数据的时间价值直接反映在应用中。通过时间分析，大数据能够总结用户在特定场景下的偏好。有了这些了解，企业能更准确地为用户推荐商品，提供个性化服务，满足客户需求。因此，大数据在深刻改变商业和消费模式的同时，也推动着企业与用户之间的联系更加紧密和有益。

（7）大数据能够进行预测价值。在数据分析的领域中，预测价值是不可忽视的。它主要分为两个方面，即针对单品和针对整个公司经营的预测。然而，在电商行业中，无线部门的重要性尤为突出。每天的活跃用户数成为其中的核心指标之一，并直接影响着团队绩效的考核。

作为无线团队负责人，必须依靠数据预测来评估公司的经营状况与既定目标之间的差距。关注活跃用户分为新增和留存指标，并分析它们对公司目标的贡献度。通过这种方式，更好地理解当前的经营状态，并制定相应的产品策略，以优化和提高用户活跃度。

这种数据预测不仅仅局限于单品层面，它对公司整体经营策略产生着重要影响。通过深入了解活跃用户数据，无线团队负责人可以更准确地把握市场需求和用户行为趋势。这些关键洞察力有助于决策者制定全面的战略，以在激烈竞争的市场中保持竞争优势。

为了保持企业的长期竞争力，数据预测在日常经营中也起着重要作用。通过对活跃用户数据进行持续监控，团队负责人可以及时调整策略和战术，以适应市场的快速变化。这种敏捷的经营方式使得企业能够更好地应对挑战，并抓住市场机遇。

（二）基于大数据的智慧财务建设措施

在大数据环境下，高校财务管理软件正逐渐摆脱对小型网络和单机管理的依赖，日益复杂化。这一趋势使得财务管理的作用和价值更为突出，其功能也变得更加丰富，而管理模式和策略也经历了翻天覆地的变化。高校的财务制度逐步完善和成熟，着眼于精细化和科学化的财务管理，以更好地应对时代挑战和压力，并全面落实财务核算和预算管理工作，以实现稳步发展并满足社会需求。

为实现国家的创新发展目标，高校开始整合物联网、大数据移动技术、“互联网 +”和云计算等新兴技术，旨在突破时空限制，实现稳步运作和可持续发展。在这种背景下，共享经济和智慧经济的崛起为财务管理带来了机遇。因此，很多高校积极主动地进行信息技术创新，将现代信息技术与财务管理融为一体，紧把握时代发展的脉搏。通过凸显财务信息化技术创新的重要作用和优势，高校提升了服务质量，促进了服务创新，构建了高效率、高水平、全方位、多层次的财务管理系统。

在"互联网 +"时代，高校财务系统也必须与时俱进，通过信息技术和互联网的融合，实现更高水平的数字化、网络化管理。同时，云计算技术的运用使得高校能够更加灵活地部署资源，节约成本，提高数据安全性。这些技术的综合应用，让高校财务管理变得更加智能化、便捷化。

1. 财务信息平台架构

在管理层的引领下，模块化设计成为基石。他们明白在迭代更新中逐步丰富功能将提升整个系统的使用价值。通过模块化设计，财务管理层能够根据需求不断增加新功能，使智慧财务系统与时俱进。

核心数据层的建设至关重要，其中包括报销、薪酬、预算、账务、项目、部门、人员等财务专用数据库。这些数据的独立分离有助于提高数据的安全性和准确性，为高效的财务管理提供坚实的基础。

商业智能模块的建立对于智慧财务系统的成功至关重要。通过建立数据仓库，财务数据能够在整个高校内部进行共享。各个部门可以跨部门地获取并有效地利用财务数据，从而提升财务管理的质量和效率。

为了更好地满足管理层的信息需求，数据挖掘技术成为必不可少的工具。通过大数据挖掘技术，管理层可以更好地了解各个部门的信息需求，并实现部门间的有效对接，避免信息孤岛和信息鸿沟。

中间件在高校智慧财务系统中发挥着重要的作用。它为基础服务提供支持与服务，实现合理分配权限，支撑整个平台的运行，并确保统一的权限体系，确保智慧财务系统的高效运行。

业务系统层直接关乎财务人员的日常工作。它与财务业务密切相关，为财务人员提供了必要的工具和功能，使其能够高效地完成各项财务任务。

人机界面在智慧财务系统中扮演着重要角色。通过提供精细化查询和分析服务，如薪酬查询、基本查询、财务分析、预算申报、网上报销等功能，财务人员可以更方便地获取和分析财务数据，进而做出明智的决策。

信息平台的战略性意义不可忽视。摆脱传统单一采购软件和闭环模式，建立开放性的财务共享系统是重要的目标。这样做可以保障财务数据的安全性，并凸显数据共享中心的宏观统筹作用，为高校的财务管理提供更全面的支持。

数据挖掘与商业智能是智慧财务系统中的关键技术。通过建立商业智能模块，工作人员可以更好地挖掘潜在信息。他们可以在交互式的人机界面中获取相关的行为数据，从而更加明确具体的数据主体，帮助管理层作出更明智的决策。

（1）预算申报管理系统。预算申报管理系统允许相关部门进行项目立项。通过这一功能，高校可以根据实际需求对各类项目进行审批和立项，确保项目的合理性和可行性。在项目库管理方面，系统将统一管理各项项目，使得整个项目库更加井然有序，方便后续的预算分配和执行。预算申报管理系统为校内预算申报提供了便捷渠道。学校内部的各个部门可以通过系统提交预算申报，避免了烦琐的纸质申报流程，节省了时间和资源。同时，系统还具备预算执行分析功能，可以实时监控项目的预算执行情况，及时发现和解决潜在的问题，确保预算的有效使用。

（2）会计核算系统。该系统涵盖多个重要功能，包括银行对账、出纳管理、项目管理、外部管理、收入分配管理、资金结算、基金财务等。这使得财务人员能够更好地进行财务核算工作，并利用系统的智能凭证功能，自动生成符合标准的凭证，提高了工作的准确性和效率。此外，该系统还提供了对外部系统的链接服务，实现了与其他系统的无缝对接，进一步提升了财务工作的便捷性和一体化管理水平。

（3）薪酬个税系统。通过该系统，学校管理层可以获取到关键的薪酬数据和相关信息，从而能够综合考虑个人收入分配情况，实现数据同步导入。这为后期的收入分配和数据统计提供了便利，从而全面提升了管理质量和效率。

（4）网上报销系统。网上报销系统在互联网平台的支持下，对报销流程进行了重组和优化。该系统的重要功能包括网上制单、网上审批、自动凭证和网银支付等。通过这些功能，财务部门可以实现支出预算的有效控制，并能够对报销单据进行跟踪管理，大大提高了财务工作的效率。同时，该系统还提供了财务服务的网上审批功能，保障了财务工作的高效率，并进一步提升了财务服务的质量和水平。

（5）收费管理系统。收费管理系统构建了一个虚拟收费中心，全面管理学生的住宿费、学费、网络费、场租等各项费用。通过集中管理，该系统能够加强校内财务管理的宏观协调，进一步提高了财务管理的效率和准确性。收费管理系统涵盖了票据管理、实施管理、应收管理、物价管理、结算管理、入账管理等功能，通过整合数据信息，提供立项审批服务，同时管理不同收费方式，并提供数据分析服务，为后阶段的核算工作提供了全方位的支持。

2. 财务共享中心设计

在当代财务管理的发展中，财务共享中心成为智能模块中不可或缺的重要组成部分。为了确保财务共享中心的有效运作，需要主动搭建一个高效的数据仓库，兼顾数据集成性与主体性，以紧跟时代的发展步伐。数据仓库的构建不仅可以整合容易丢失的数据，而且为后续的管理提供必要的帮助，从而确保决策的科学性和合理性。

积极创新是财务共享中心取得成功的关键。在这个过程中，需要采用不同的数据库技术，提前对异构数据库中的数据进行抽取、清洗和转化，以形成全新的数据仓库。这种积极创新的做法能够为数据共享中心带来更多的机遇与挑战，也将成为其发展的助推器。

数据共享中心的作用非常广泛，它不仅需要积极整合跨部门的业务数据和财务数据，还要根据实际的业务需求有效地采集网络数据，以扩大数据库的容量和覆盖范围。关键时刻，跨部门数据分析将成为成功的决定性因素，这涉及从人事处获取人员基本信息，从资产处获得采购合同和设备条码等数据，再到科研处的预算和项目负责人等信息，数据共享中心必须将这些数据有效整合，形成全局的数据视角。

网络数据的利用也是不容忽视的一环，其中包含着诸如机场高铁票务信息、电子发票信息、发改委的收费项目信息、教育厅的决算公开信息以及财务厅的预算指标等。财务共享中心应该站在时代发展的角度，充分整合利用这些网络数据，并逐步构建完善的财务管理模型，以适应快速变化的市场需求和发展趋势。

在财务共享中心的建设过程中，还应着眼于建立数据集市，并按主题进行调整，全方位、多角度地应用数据挖掘技术，以凸显数据的使用价值，并满足前期的数据使用需求。这样的数据集市将为相关部门和决策者提供更为全面、准确的数据支持，促进财务共享中心的协调发展和优化运营。

3. 大数据辅助预算管理

在高校的财务管理工作中，复杂性不言而喻。为确保决策的科学性和合理性，必须以预算为起点和基础，实施科学、合理、具体的年度计划。财务预算在整个财务管理中扮演着重要的角色，需要担负宏观协调和综合功能，整合信息业务和资金，以合理配置不同部门的责任和权利。为此，建立科学完善的预算管理体系势在必行。在这一过程中，信息化技术的整合利用尤为重要，因为它可以优化预算的执行过程。

通过积极采集大量数据并运用数据挖掘技术，高校可以深入了解成本数据和活动特征，从而更好地支持预算编制。信息化管理贯穿整个预算申请、控制和分析的全过程。借助大数据技术，学校可以构建科学完善的预算编制基础数据库，将学生和教师支出等主题融入其中，以确保预算审核系统的完整性和科学性。

为了提高预算工作的质量和效率，高校需要构建预算绩效评价体系、预算决策分析体系和预算执行监控体系。这些体系的建立可以帮助避免工作环节的遗漏，从而在预算管理过程中发挥更大的效益。

在整个预算管理过程中，管理者的积极参与和作用也不可忽视。高校应当充分利用大数据技术，实现内部分配格局的有效调整和改进。只有这样，才能在预算管理中实现更好的绩效和效果。

智慧财务是符合时代发展要求的必然趋势。高校必须适应大数据技术的使用要求，稳步提升财务管理的质量，从而为高校的决策提供更加科学、可靠的支持和建议。只有把握时代脉搏，学会灵活运用信息化技术，高校的财务管理才能真正走向智慧化的道路。

二、人工智能背景下的高校智慧财务建设

“人工智能在安保、医疗、围棋等领域的成功实践，彰显新技术创新带来生产生活运营模式的变革。高校财务作为高等教育资源配置中枢机构，充分利用人工智能技术提高财务精准服务效益对促进高校财务管理水平的提升具有重要意义”。①

① 连琼凤．人工智能重构高校财务管理模式研究［J］．中国乡镇企业会计，2023（6）：162.

（一）人工智能背景下智慧财务管理的设计思路

1. 技术线

通过引入具备人工智能技术的先进财务管理工具和方法，搭建智能化财务管理系统，引入智能财务机器人，利用最新前沿的 OCR（光学字符识别）引擎，实现对各类票据的识别，促进文档数字化；利用 RPA（机器人流程自动化）完成自动审核、自动核算，促进会计自动化；利用 NLP（神经语言程序学）模拟人脑机能处理各类财务应用场景，促进财务实现智能化。运用多模型协同、可信值算法、置信度矫正算法、自动校验算法、人机协同算法，取代人脑、人眼、人手，替代机械重复的人力作业，形成人机协同、高效规范、智能绿色、融合开放的智慧财务管理模式。

2. 管理线

通过学习运用前沿财务管理理论，对财务内部控制、财务日常管理、财务数据分析、财务辅助决策、财务监督管理等进行整合，有效处理各项财务活动，为高校管理层提供财务数据支持，为财务工作人员提供强大的系统支撑，推动财务管理转型升级。

（二）人工智能背景下智慧财务管理的模式选择

目前高校财务管理模式主要有两种：①集中模式。一些高校采用集中财务管理的方式，对各项财务日常工作进行规范化、流程化管理，学校只有一个财务管理机构。在财务核算上，通过设置报账大厅，开设报账窗口，集中面向全校师生开展财务报账。②分散模式。一些高校采用分散财务管理的方式，学校及下属二级、三级学院和机构都设置了财务管理机构，层层开展财务管理工作，各部门财务活动由本部门财务人员负责。一般情况下，一个有 2 万 ~ 3 万人规模的高校，集中模式大概需要 30 名财务工作人员，分散模式大概需要 80 名财务工作人员。高校要构建便捷高效、一体化的智慧财务管理模式就应选择集中核算的模式，利用人工智能技术优势，引入智能化财务管理系统，打造财务管理集中模式，把全校财务管理活动统一起来，减少人力投入，提高工作效率。

（三）人工智能背景下会计组织架构及财务流程

会计组织架构调整方面，由于大多数高校的会计组织架构是一种金字塔式的，有较多的层级。这种会计组织架构下的信息传递属于垂直沟通方式，在层层传递中容易出现失真情况，影响了财务管理工作效率。高校要构建智慧财务管理模式应做到：①对会计组织进行优化调整，把金字塔式的会计组织架构转变为扁平化的组织架构，通过调整机构、减少层级、缩减岗位，对会计组织进行优化配置，缩短各层级的距离，让信息流快速流动。一个高校一般仅设立一个财务管理机构，取消或减少各分支机构财务管理。②管理执行不力带来的风险。高校推行智慧财务管理机构，通过搭建智能化财务管理系统，实现财务管理活动的在线智能办理。业务流程设计方面，在会计组织架构调整的背景下，高校应相应对业务流程进行改造，对各财务活动进行标准化、规范化，特别是要融入人工智能等高新技术，推动业务流程不断优化。

以财务报账流程为例，传统的财务报账流程是：报销人手工填报报销单—层层经领导审核—财务会计记账—出纳支付现金—财务人员进行分析。构建了智慧财务管理模式就可以引入智能财务机器人，通过智慧财务管理系统的费用报销模块进行智能报账，其流程是：拍照上传报销单据—系统自动生成报销单—智能财务机器人自动稽核、自动记账—银企直连付款—自动生成报表分析。通过智能化财务管理系统，实现了实时在线、数据共享，有效促进财务业务融合发展。

（四）人工智能背景下智慧财务管理系统的引入

第一，加大新技术投入。高校要构建智慧财务管理系统，最重要的是引入人工智能、大数据、云计算等高新技术，同时不断夯实新的平台技术基础，如计算机网络平台、数据库平台，为搭建智慧财务管理系统打好技术基础。

第二，引入智慧财务管理系统。这个系统要涵盖信息传递、日常报账、影像传输、内部控制、资金管理等财务管理活动，通过构建一定规则和模型，实现会计工作的智能化、自动化。目前，人工智能已经成熟运用于财务管理各项活动，国内外有关财务软件较多，如 SAP、用友、唯你、金蝶等，都推出了具有人工智能属性的财务管理系统，可以通过人机协同算法、自动校验算法、可信值算法、置信度矫正算法等一系列先进算法，实现自动审核、自动核算、票面数字化、场景判断、智能报表分析等。

第三，购置配套硬件设施。围绕智慧财务管理系统，购置相关硬件设施，比如扫描仪、一站式智能报账机等设备，健全完善智慧财务管理系统，发挥系统整体功效。

第三节　高校智慧财务建设的路径与保障措施

一、高校智慧财务建设的基本路径

（一）作好顶层设计，引导建设方向

1. 成立智慧财务建设小组

“‘大智移云’时代背景下，高等教育从信息化走向智慧化是时代的必然要求，在打造智慧化校园的新型现代化教育进程中，高校财务信息化建设占据着越来越重要的地位”。① 建设智慧财务，需要相关职能部门的协调参与配合，是一个系统工程。为了顺利推进建设，高校需要依托现有的组织机构，成立专门的智慧财务建设领导小组。建立专门小组，可以体现管理层的重视程度，也可以使各业务负责人、业务经办人沟通更为顺畅。需求方、建设方为同一组人员，建设完成情况会更贴合建设目标。

建设智慧财务是一项多部门协同的工作，所以可以以校长作为总负责人，即领导小组组长，分管副校长担任领导小组副组长。各相关职能部门“一把手”组成业务负责人，其中包括党政办主任、人事处处长、信息中心主任、招生处处长、教务处处长、学生处处长、科研处处长、后勤处处长，以及财务处处长。具体业务人员为小组成员，由相关业务人员与财务部门系统管理员构成。

2. 优化财务岗位职责

（1）取消审核岗、将复核岗与核算岗合并，调减核算岗、决算岗。电子票据自动查重、网上报账与签批、会计核算电子化后，核算、审核岗位的大部分的工作都由信息技术完成，可以释放 4 个岗位的人力。

（2）调整预决算管理岗位为专人专职，对预算管理全过程参与、监督。

① 陈菁，胡鹏. 智慧财务引领下的高校财务信息化建设创新路径［J］. 商业会计，2022（23）：106.

（3）调增副处长岗位1个，以优化管理，分散管理职能；调增系统管理员岗1个，智慧财务平台构建后，对财务部门专职系统管理人员要求更高，既要求懂财务，又要求懂信息技术，是非常重要的岗位。

（二）业务流程再造，标准化关键流程

1. 支出事项业务流程再造

报账与签批不再需要现场排队，转为线上进行。原来报账时需要单独审批经济活动方案、采购申请、项目可行性论证等，通过系统对接后，审批被前置至事前，取消了事中、事后重复审批环节，不再需要多次打印、提供附件。

取消现场排队报账与签批、简化发票查重鉴伪与报账审核、整合重复审批、自动化付款之后，报账的完成时间将会大大缩短。

报账与签批完成后，会计核算由系统自动完成。记账完成后，核算系统按会计制度要求生成财务报表。

2. 预决算事项业务流程再造

预算系统升级后，将原来的专门预算项目申报全面应用，实施全面的项目库管理，不再仅管理基建、科研等业务，所有经济活动均按项目申报预算。将项目按不同业务类别进行分类，规范项目的申报与可行性论证，可以加强项目库管理。根据财政部门对项目库管理的要求，结合学校预算工作的实际情况，综合考虑完善预决算事项业务流程。

高校预决算事项业务流程再造后，从学校发展规划目标出发，到自动化决算与绩效评价结束。整合了预算申报与预算项目申报，全面实施以项目库为核心的预算管理。先根据发展规划申报预算项目，通过可行性论证后，滚入项目库，按年度进行预算资金申报，通过审批下达资金。业务部门自行按轻重缓急对项目进行排序，财务部门按项目排序安排资金。未通过年度预算资金安排审批的项目，重新通过可行性论证回到项目库，准备申报下一年度预算资金。设置项目年度滚动预算，有利于减少预算调整与追加的次数，可以有效改善高校预算调整与追加不严肃的情况。

3. 标准化财务分析与绩效评价

（1）标准化会计基础工作。标准化会计基础工作是核算自动化的基础，包括账务处理摘要规范、会计科目和经济科目规范。

（2）标准化财务分析。自动化财务分析需要研究探索建立标准化的财

务分析指标体系，除了以财务报表为基础的通用定量指标以外，还可以自定义设置公式，建立个性化指标体系。按决策支持的需求自主选择关键字段、数据类型生成分析结果。结果可以显示成不同的表格、图形，直观展示内容，帮助管理层决策时了解相关内容。

高校可以建立财务分析指标体系，自动生成定量分析、对比分析、权重分析等。定性分析也可设定关键词或关键事项触发提示，使分析人员能够迅速准确找到焦点。财务分析指标体系实际是一种对数据标准化的构建，有了标准体系，就能生成个性化的数据分析结果。

（3）标准化绩效评价。绩效评价是为强化资金效用的事后评价环节，是管理决策者做下一步资金分配方案的重要参考。以部门分类，绩效评价多以预算执行率为主来判断；以项目分类，绩效评价指标按项目类别不同而有所差异，但可以标准化通用类别的绩效指标。因为项目类别多、性质不一，难以以结构化数据定义指标分析。对于常年项目、金额较大的跨年项目，可以先启用个性化定量指标进行维护，进一步智慧化绩效评价。

4. 设置关键词与关键行为预警

建立预警体系，优化智慧财务平台算法，可以体现智慧财务“慧”。将风险防范放在了事前，强调了自查自纠，区别于原来通过审计报告、巡察巡视等事后监管。对于关键指标体系的设置，可以分为定量指标和定性指标。其中定量指标又分为静态与动态，定性指标分为关键词和关键行为。可以设置为提示、警告及不可选择或支出三个层级来管理，有效控制风险。

（1）静态定量指标预警。静态定量指标是一个时期或时点上的统计指标。高校设置的静态定量指标预警主要是针对月结、年结数据分析，设置比重、金额、范围值等预警。如有触发，则在系统的查询页面对这些指标标红处理，以示警告。

（2）动态定量指标预警。动态定量指标涵盖范围比较广，高校设置的动态定量指标预警频次最高的是预算执行率、项目定量绩效指标完成率等。通过对这些指标的预警，可以督促预算使用、项目建设，管理层和财务部门可以根据这些预警结果调整资金分配，增强资金效用。

（3）关键词指标预警。关键词指标预警较为广泛，高校根据自身情况，可以不断更新关键词库。一方面是对业务敏感词的设置，比如发票中品名含烟、酒等；另一方面是可以将频繁业务往来单位作为关键词，当业务量、应收应付账款账龄积累到一定量时发出预警。

（4）关键行为指标预警。关键行为指标主要指高校最关心的经济活动类别，比如公务接待、固定资产采购等。可以将这些关键行为用颜色或字体在查询页面上作区分，提示签批环节负责人注意审核，也可以提高管理者的关注度。

（三）耦合业财系统，层次化业财数据

1. 优化财务系统建设

（1）网上报账与签批系统。上线网上报账系统，推进网上签批建设，建立 Web 端、微信端等报账、签批渠道。使相关业务责任人，随时可以查看报账单及附件，增快报账与签批速度。网上报账与签批系统可以连接预算管理系统、核算系统等，自动化核算，动态化事中控制，智慧化事后分析。

（2）发票管理系统。大量电子发票管理不善是高校财务管理的痛点，没有信息系统辅助，光靠人力把控容易漏管、错管。上线发票管理系统后，业务人员使用电子发票报账时，上传 PDF 或 OFD 版式文件至系统，自动鉴伪并将发票信息记录在案，防止重复使用。人工记录时，辨别发票真伪，收集品名、金额、发票代码等环节需要耗费大量时间，通过系统保存电子发票版式文件可以一键收集该发票包含电子签名在内的所有内容。如果业务人员使用纸质发票报账，也可以通过扫描二维码、拍照等方式录入发票管理系统，系统通过图像识别技术（OCR）收集票面信息。

发票管理系统连接网上报账与签批系统、电子会计档案系统。业务人员从第三方社交软件或邮箱收到电子发票时，即可一键转存至电子会计档案系统，纸质发票页也可以通过扫描二维码或拍照的方式上传。在经济活动完成后，报账时仅需对相关发票进行勾选，即可生成金额、附件张数等信息，签批人员、财务审核人员都可以通过系统看到原始凭证。

发票管理系统加快了业务人员准备报账附件的速度，减轻了财务审核人员的负担，降低了财务工作风险，管理版式文件、纸质文件的方式也符合了有关部门的要求。

（3）电子会计档案系统。上线电子会计档案系统，对接预算管理系统中各事前审批环节，并连接发票管理系统。除了可以管理电子发票、纸质发票以外，业务人员还可以手动上传其他纸质附件，用图像识别技术（OCR）对关键数据进行甄别，自动录入至该业务人员个人账号名下。在使用网上报账与签批系统时，可以一键添加，增强了报账环节的过程管理。

对电子会计档案的使用与存储，做完标准化构建之后，业务人员在填制相关申请单、审批单时，用户界面可以增加关于所需附件、存储形式等的提示，使报账退单率更低，同时，也进一步规范了电子会计档案的管理。

（4）优化预算管理系统和核算系统。高校预算编制仅为较为简单的数据汇总，预算管理整体水平不高，缺乏科学性和前瞻性，达不到实时获取实际业务信息的能力。预算管理涵盖了经济活动全生命周期，从收入预算，到支出预算，再到决算，闭环管理了业务与关联经费。优化预算管理系统和核算系统主要包括以下方面：

第一，进一步优化项目库建设，嵌入事前审批。统一编制标准，建立以项目库为核心的预算管理系统。业务部门在编制年初预算时，按业务内容分类别、分年度申报常年项目和跨年项目，同步上传采购审批、项目可行性论证等数据。项目进入项目库之后集中进行可行性论证，通过后，根据业务部门需求按轻重缓急排序。在项目建设过程中，财务部门根据收入来源与金额、项目建设情况，动态安排资金，滚动管理。项目库开放申报时间大于预算开放申报时间，只有先完成了项目可行性论证，滚入项目库内，才可以申报年度预算资金安排。

将事前审批优化进预算管理系统。业务人员在经济活动发生前，提交经济活动审批的同时，自动冻结相关预算支出口径，防范支错、超支预算。

第二，推进核算自动化。在预算管理系统的支持下，完成预算申报与审批后，核算系统可以自动生成预算凭证，并后附相关审批附件，形成完整的预算管理电子档案。在网上报账与签批系统、电子会计档案系统的支持下，原始凭证均可实现线上管理，通过图像、文字识别技术，提取记账凭证数据，设置记账规则，自动生成凭证。核算人员只需审核生成结果，即可生成会计记账凭证及相关报表。

第三，整合财务系统，形成以预算管理系统为核心的线上财务管理闭环。高校上线发票管理系统、网上报账与签批系统、电子会计档案系统，并优化预算管理系统和核算系统后，可以形成以预算管理系统为核心的线上财务管理闭环。业务部门将预计进行的经济活动项目化，进入预算管理系统进行项目申报；项目库评审专家对提交的项目预算、建设方案、任务书、绩效目标等进行可行性论证；项目入库后，财务部门根据业务部门的需求进行项目建设排序，有资金来源的项目按资金来源安排，无资金来源的项目按财务部门统筹预算收入安排；在建项目接受事中动态监控，业务人员完成报账后自动核算，相关附件进入电子会计档案系统管理，财务部门定期查看项目预算执行情况，调整资金投入；已完成的项目接受绩效评价，计入业务部门年度考评，影响下一年度预算申报。

2. 耦合业务与财务系统

高校正在使用的五大财务系统已经实现互联互通，但与部分业务系统仍然没有形成连接。按需求耦合业财系统功能，相互写入、读取数据，可以推进智慧财务建设。

（1）财务系统与人事管理系统。财务系统需要读取人员工号、姓名、身份证号等基础信息，利用基础信息完成用户账号和密码的设定，如果有人员增减，还需要进行日常维护。人事部门完成工资薪金等个人收入的核算，财务部门负责发放。财务系统与人事管理系统打通之后，财务部门工资发放可以自动生成发放表，减轻人工工作量。

（2）财务系统与学生管理系统。收费系统的主要用户是学生，目前高校已经通过数据清洗基本完成与学生系统的基础信息同步，但日常的异动仍然需要手动维护，只有对接系统才能解决人工差错的问题。另外，对接学生系统，可以进一步优化奖助学金的发放与管理，财务部门可以线上生成发放表，不再需要手动计算发放数据。

（3）财务系统与科研管理系统。高校使用科研管理系统的时间不长，主要用于科研课题的申报结项及过程管理，科研奖励的认定与汇总。对接科研管理系统，可以使科研经费精准嵌入过程管理中，利于结项时绩效评价的完成，防范资金混用；也可以使科研奖励发放更为精确，实现发放表自动生成。

3. 层次化业财数据

高校耦合业务系统和财务系统后，形成了业务层数据与财务层数据，这两层数据进入了一个看不见的“数据池”。业务层的人员信息、学生信息等基础数据和财务数据直接传递至“数据池”。而经济活动中产生的含标准化审批表单、业务时间、事项等在内的业务数据，需要通过核算等财务处理后，“翻译”成财务语言，再进入“数据池”。业财数据交互运行，使用人员看到的数据查询、分析结果等，实际上是从“数据池”提取的。

（四）建立业财融合的智慧财务平台

高校构建业财融合的智慧财务平台，可以使财务五大系统在一个页面显示。建设智慧财务，完成顶层设计优化、流程再造后，需要形成规范化文件来固化，使各项经济活动经办人员、监管人员有据可依。将这些固化的规范与标准嵌入平台，才能实现事前提示，动态控制资金，自动化财务分析结果，体现出智慧财务“智”“慧”的价值。构建智慧财务平台集成了智慧财务建设的前三个步骤，是建设的最后一步，也是最重要的环节。

1. 整合财务系统

构建智慧财务平台后，财务系统将集成在平台上，不再是一个个独立的入口，整合了登录页面、操作页面。平台内部同时完成财务数据收集与处理，交互业财数据，不再区分经费查询网址、工资查询网址、学费查询网址等，而是针对不同类别的用户开设不同的权限，集成为一个查询页面。整合财务系统，实际上是对财务系统内运行流程的整合，从独立系统变为一个平台。合并后各类财务业务处理入口不再分散分布，可以实现多元多维财务分析自动化。

2. 嵌入内控体系

规范化、标准化的流程最终形成了各项管理办法、实施办法，业务类别多、文字多、规范条目多。不同的业务有不同的审批表单和审批程序，在实际工作中往往记忆不清，总是需要查询相关规定。

按业务类别分解流程，条目化各项标准，嵌入智慧财务平台相应环节，可以强化事前提示，服务业务经办人员，减少经济活动过程中因不了解规定与制度而出错的情况，前置事中控制和事后监督，防范资金使用风险。以网上报账与签批为例，业务人员进入报账页面后，选择不同的支出分类，即在页面显示所需附件、不同额度签批流程。如选择办公用品支出，即提示附件为增值税普通发票（电子发票需上传版式文件），公务卡刷卡记录；签批流程为部门负责人。

二、高校智慧财务建设的保障措施

（一）提高管理层重视程度

智慧财务的建设，是多个部门协同完成的，涉及部门广，参与人员多。管理层重视程度的提高，可以影响下级管理人员与工作人员，传递“看重智慧财务建设”的信息。建设路径包括了优化顶层设计和再造业务流程，在这种背景下，管理层将面临更严格的监管。所以管理层的支持，对于智慧财务的建设起着决定性作用。管理层越重视，智慧财务建设的推动越顺利。

高校的管理层，历来重视财务工作，关注资金使用风险。高校推进智慧财务建设，需要管理层的进一步重视，积极指导工作方向，亲自参与，充分发挥智慧财务建设小组的组织作用。要听取基层需求，做好向下沟通。智慧财务建设得好不好，智慧财务平台有没有真正减少重复环节、解放人力资源，基层人员作为使用者是最了解的。只有完善基层的每一个节点，智慧财务才能真正服务管理层的决策，提升管理效率。

（二）以制度保障业务的标准化

完善的制度体系是智慧财务实施的重要基础，立体的制度框架可以标准化业务流程，使组织管理层、员工可以达成更好的共识，消除信息不对称，减少信息传递频率，提高管理效率。

高校虽然有一定的制度基础，但在建设智慧财务过程中，会对业务流程进行再造，各项环节的优化会突破原有的流程标准。修订不完整的制度，更新过时的制度，是固化新业务流程的手段。业务人员在经济活动中有了制度指引，可以增强监督约束，减少事中风险。管理层与审核人员，对合规性的把控，也有规可循。

业务流程标准化是制度体系的基础；而制度体系，又保障了业务流程的标准化。健全符合法律法规、政策的制度，可以落实细化职责，明确管理权限，使智慧财务的实施效果更贴近高校的目标。

（三）提升员工相关素养和能力

高校建设智慧财务，需要管理人员、建设人员的支撑。高校应成立智慧财务建设小组，集合了管理人员，建立了自上而下的工作体系。建设人员作为智慧财务建设的中流砥柱，需要具备相关业务知识、信息技术知识。一方面是加强对业务建设人员的信息技术知识培训，使业务建设人员在做业务部分的建设时，充分考虑如何落实到智慧财务平台上；另一方面是加强对平台建设人员的业务知识培训，使平台建设人员了解具体业务流程，更好地将信息技术融入其中。丰富业务建设人员信息技术知识、平台建设人员业务知识，可以畅通业务建设人员与平台建设人员的沟通，准确地将优化后的内控体系嵌入业财融合的智慧财务平台中。

参考文献

[1] 董青 . 事业单位会计风险及其防范措施 [J]. 纳税，2023，17（16）：43.

[2] 蓝小文 . 事业单位经营收入管理问题探析 [J]. 行政事业资产与财务，2023（8）：46.

[3] 杜波 . 医院会计成本核算中存在的问题及对策探究 [J]. 财会学习，2023（17）：116.

[4] 周洪飞 . 信息化条件下医院收入内控机制构建路径研究 [J]. 商业文化，2021（6）：68.

[5] 谭会平 . 刍议医院资产管理中存在的问题及对策 [J]. 商讯，2023（6）：164.

[6] 李岱锦 . 浅析高校财务内部控制信息化建设 [J]. 经济师，2022（5）：69.

[7] 连琼凤 . 人工智能重构高校财务管理模式研究 [J]. 中国乡镇企业会计，2023（6）：162.

[8] 陈菁，胡鹏 . 智慧财务引领下的高校财务信息化建设创新路径 [J]. 商业会计，2022（23）：106.

[9] 王莉莉，曹嘉琪 . 事业单位会计数字化转型的实现路径 [J]. 财会通讯，2023（9）：147–150.

[10] 张亨明，章皓月 . 事业单位会计改革探析 [J]. 江淮论坛，2020（6）：73–78.

[11] 陈彪 . 事业单位会计处理与分析 [J]. 中国商论，2018（14）：129–130.

[12] 华清君 . 事业单位会计核算制度设计 [J]. 扬州大学学报（人文社会

科学版），2003，7（5）：79–82.

[13] 白晓瑞，张晶．事业单位会计核算中存在的常见问题与对策 [J]. 农业经济，2022（2）：118–119.

[14] 朱琳．事业单位会计制度改革的思考 [J]. 会计之友，2008（29）：68–69.

[15] 徐国民．事业单位会计改革问题研究 [J]. 经济经纬，2006（5）：77–79.

[16] 薛梅．新事业单位会计制度下事业单位会计核算研究 [J]. 中国商论，2015（19）：61–63.

[17] 刘华青．我国事业单位会计准则体系探析 [J]. 中国商论，2016（24）：37，40.

[18] 杨晓敏．浅谈行政事业单位会计核算工作 [J]. 中国商论，2017（11）：76–77.

[19] 赵霞．对事业单位会计监督职能的探讨 [J]. 商业会计，2013（4）：70–71.

[20] 丁越．如何加强事业单位会计信息化 [J]. 中国商论，2018（36）：113–114.

[21] 刘剑．论加强事业单位会计内部控制 [J]. 中国商论，2018（14）：105–106.

[22] 唐晓萍．加强事业单位会计核算工作的思考 [J]. 中国商论，2017（28）：80–81.

[23] 吕建波．加强事业单位会计管理工作的思考 [J]. 中国商论，2017（33）：120–121.

[24] 辛金斐．改进事业单位会计报告的几点思考 [J]. 技术经济与管理研究，2006（6）：101–102.

[25] 孙海霞，穆家乐．浅析新旧事业单位会计制度衔接 [J]. 中国内部审计，2013（6）：74–78.

[26] 王小永．加强事业单位会计核算质量的思考 [J]. 中国商论，2016（19）：36–37.

[27] 杨淑洁．事业单位会计制度改革的对策分析 [J]. 中国商论，2015（30）：56–58.

[28] 宋希亮．改革事业单位会计核算模式的思考 [J]. 山东经济，2005，

21（4）：113–114.

[29]徐爱梅.事业单位会计与企业单位会计财务处理的比照[J].中国商贸，2013（31）：92–93.

[30] 张永江.事业单位会计核算问题与对策[J].财会通讯，2015（19）：73–75.

[31] 娄芳.现行事业单位会计制度评价与审视[J].会计之友，2010（32）：58–59.

[32] 郭小凤.关于事业单位会计核算原则的思考[J].教育财会研究，2010，21（6）：14–16.

[33] 高素玲.事业单位会计确认基础理论解析[J].会计之友，2008（11）：17–18.

[34] 廖聪玲，刘维.智慧财务管理在公立医院财务管理中的应用——以F医院为例[J].商业会计，2020（10）：20–23.

[35] 孟乾坤，裴潇.智慧财务管理：本质、形式及实施路径[J].财会月刊，2018（3）：59–64.

[36] 高爽.公立医院智慧财务建设的若干思考[J].中国总会计师，2022（9）：111.

[37] 史晓川，雷志勤.基于全流程的医院智慧财务系统建设实践探索[J].中国卫生经济，2020，39（3）：86–88.

[38] 孙洁.智慧财务管理在公立医院财务管理中的应用探讨[J].财经界，2023（12）：129.